FREI CARMELO SURIAN, O.F.M.

Vida de São Lourenço

FREI CARMELO SURIAN, O.F.M.

FREI CARMELO SURIAN, O.F.M.
Vida de São
Lourenço

DIÁCONO E MÁRTIR

O Santo ontem, hoje e sempre...

EDITORA
SANTUÁRIO

Direção editorial: Pe. Marcelo C. Araújo, C.Ss.R.
Coordenação editorial: Ana Lúcia de Castro Leite
Copidesque: Manuela Ruybal
Revisão: Luana Galvão
Capa: Júnior dos Santos
Diagramação: Mauricio Pereira

**Dados Internacionais de Catalogação na Publicação (CIP)
(Câmara Brasileira do Livro, SP, Brasil)**

Surian, Carmelo, 1923 -
    Vida de São Lourenço / Carmelo Surian. — Aparecida, SP: Editora Santuário, 1994.

    ISBN 85-7200-188-3

    1. Lourenço, Santo, ca. 210-258 2. Santos – Igreja Católica – Biografia I. Título.

94-2267   CDD. 922.22

Índices para catalogo sistemático:
1. Santos: Igreja Católica: Biografia 922.22

9ª impressão

Todos os direitos reservados à **EDITORA SANTUÁRIO** – 2023

Rua Pe. Claro Monteiro, 342 – 12570-045 – Aparecida-SP
Tel.: 12 3104-2000 – Televendas: 0800 - 016 00 04
www.editorasantuario.com.br
vendas@editorasantuario.com.br

INTRODUÇÃO

Há dois, três anos, desembarcava na Rodoviária de Guaratinguetá-SP, pertinho de Aparecida, o frade menor frei João José Gepp. Pouco ligando aos seus 80 e mais, cheios de vigor e atividades, criativo como ele só, carregado de pacotes, como sempre, procurou imediatamente o vizinho Convento de Nossa Senhora das Graças. Sem pensar num pequeno e justo repouso, dirigiu-se diretamente à porta do quarto de frei Carmelo.

Os dois já se conheciam há muito tempo, sobretudo do período em que frei Carmelo fora pároco em São Lourenço-MG, de onde provinha o recém-chegado. Desde então, São Lourenço os unia de modo especial, não só por meio de amigos, de interesses, mas também por meio de preocupações pastorais e históricas com a boa terrinha das grandes amizades e seu ínclito Padroeiro.

Qual seria o desejo de frei João José? Tenso, com muitos parênteses e muitas reticências, ele conseguiu explicar-se ao confrade: durante as férias que passara com a família, na Alemanha, aproveitara o tempo para visitar quanto possível todos os lugares que se referiam a São Lourenço, trazendo todo o material que encontrara, sobretudo na Espanha e na Itália. Com que sofreguidão, que ânsias abriu a pesada sacola, revelando a frei Carmelo algo dos tesouros de arte e de história que trouxera... Mas não era para o confrade se distrair. Ele solicitava nada mais nada menos que se escrevesse uma história do Santo ou que se traduzisse um dos livros que trouxera...

O volume que logo prendeu a atenção de frei Carmelo foi: *San Lorenzo — Santo español e oscense*, Damian Peñart y Peñart, Huesca, Espanha, 1986. Trata-se de uma larga, profunda e segura pesquisa, a nível de tese em historiografia, demonstrando como Huesca tem tudo para ser reconhecida como Terra Natal do famoso diácono e mártir. Mesmo traduzido, as editoras consultadas não se arriscaram publicá-lo no Brasil. Mas ele vem citado como uma das principais fontes de informações do texto que se segue.

O outro ponto estudo-fonte que escolhemos foi: *Archeologia e Radiofonia Pastorale, Perinsigne Basílica San Lorenzo in Lucina*, Roma, Piero Pintus, 1987. Será nosso guia, sobretudo na primeira parte da nossa tentativa de levantar uma pequena e bem fundamentada História de São Lourenço.

SÃO LOURENÇO
NO NOVO MISSAL ROMANO

Estamos no finzinho de 1992... Há poucos meses foi publicada a nova edição ampliada do MISSAL ROMANO em língua portuguesa. *O Missal Romano* contém as orações de todas as Santas Missas celebradas pela Igreja Católica Romana durante seu Ano Litúrgico.

Depois do Concílio Vaticano II, o Calendário dos Santos e das Santas sofreu rigorosa revisão, que acabou retirando do Calendário Oficial vários nomes, como Santo Expedito, por exemplo. Por que motivo? Em geral a razão estava nisto: os pesquisadores não encontravam na história dados suficientemente seguros sobre a existência ou não desses "santos", em geral colocados em datas remotíssimas.

São Lourenço, porém, embora martirizado em data superlongínqua, em 258, continua gozando de posição até gloriosa no *Missal Romano*. Os dados que lá ocorrem no resumo da vida do Santo, podemos ter certeza, foram bem peneirados das lendas e outras formas de entulhos que a história vai formando e dão-nos, portanto, notícias bem seguras sobre o festejado Diácono Mártir de Roma.

Eis, pois, o texto, como o *Missal* o apresenta, no dia 10 de agosto do Ano Litúrgico:

"São Lourenço — Diácono e Mártir — Festa — Lourenço, famoso diácono da Igreja de Roma, confirmou com o martírio sob Valeriano (258) seu serviço de caridade, quatro dias após a decapitação do Papa Sisto II. Segundo tradição divulgada já no século IV, suportou intrepidamente atroz martírio na grelha, depois de distribuir os bens da comunidade aos pobres, por ele qualificados como verdadeiros tesouros da Igreja. Foi sepultado no Campo Verano na Via Tiburtina, onde Constantino edificou a basílica que tem o seu nome. Sua memória a 10 de agosto é atestada pelo 'Depositio Martyrum' (354). Seu nome é lembrado no Cânon Romano".

Esse resumo oficial da vida de São Lourenço nos orientará na tentativa de levantar algo mais sobre ele e seu tempo. Por ora, basta a seguinte observação: O Papa Sisto II figura também no *Missal* de hoje, no dia 7 de agosto. Acontece que a celebração dele é liturgicamente menos qualificada do que a daquele que era seu Diácono e fiel servidor: Sisto II, papa, celebra quem quiser; São Lourenço, porém, vem qualificado como *Festa*, de celebração obrigatória em toda a Igreja Universal, com seus hinos e salmos próprios e Glória da Missa!

- 2 -

BASÍLICA IMPERIAL E BASÍLICA CRISTÃ

Uma das ruínas romanas que mais impressionam o visitante de hoje pela amplidão da área ocupada e pela magnificência de sua arquitetura é a da basílica de Maxêncio ou Constantino. Ela se localiza no Foro Romano, perto do Arco de Tito, não longe do conhecidíssimo Coliseu.

Pelo já dito acima, ficamos sabendo que São Lourenço tem duas Basílicas dedicadas a ele, somente em Roma. Precisamos, pois, ter ideia clara sobre o que venha a ser tal edifício. O nome é de origem grega. Na língua grega "basilêu" quer dizer "rei". Basílica, portanto, fica sendo "a casa do rei", a casa do imperador, quando ela leva o nome de um Maxêncio ou Constantino. Lá na casa do rei eram dispensadas "regalias" ao povo, mediante funcionários do rei ou do imperador, principalmente a justiça imperial. Mas os espaços eram imensos, de tal modo formados, que grupos de populares, políticos, comerciantes, podiam reunir-se lá na casa do rei, que acabava sendo casa do povo.

Há quem afirme que o serviço público na casa do rei se chamava "liturgia" e que os servidores "litourgos". Grupos de cristãos teriam passado a reunir-se na casa do rei e acabaram herdando os nomes, como que "batizando" as coisas: como para eles o Rei dos Reis era Cristo, a basílica passou a ser a casa de Cristo. Como em sua casa Cristo ministrasse a seus fiéis as suas "regalias", sobretudo os dons da redenção, a justificação ao homem convertido e arrependido mediante seus ministros, eles assumiram o nome de liturgos de Cristo, a serviço da liturgia da salvação.

Seja como for, já nos primeiros séculos os cristãos edificavam suas Basílicas, edifícios mais amplos e bem dotados, também artisticamente. O imperador Constantino construiu várias, inclusive em Belém, sobre a Gruta do Senhor e sobre o Calvário, em Jerusalém. A ele se deve também a Basílica que guarda o sepulcro de São Lourenço, em Roma. Existe ainda a Basílica de São Lourenço "in Lucina", que vamos visitar nas próximas páginas. Ainda hoje, se uma comunidade católica desejar ter a sua Basílica, o caminho comum é este: levantar um templo que se destaque pela sua amplidão, pelos seus serviços ao povo de Deus, pela beleza e arte do conjunto. Cumpridas as exigências de Roma, ela confere à Igreja o título de Basílica, como a Basílica de Aparecida, por exemplo, autêntica "casa da Rainha"!

- 3 -

BASÍLICA DE SÃO LOURENÇO
"IN LUCINA"

Agora que conhecemos algo do valor e alto significado de uma Basílica e estamos informados de que Roma tem até duas Basílicas dedicadas a São Lourenço, nossa curiosidade se aguça e vão surgindo perguntas e perguntas...

Que o próprio Imperador Constantino tenha construído magnífica Basílica sobre o sepulcro do queridíssimo Diácono romano já é um fato extraordinário, difícil de entender hoje. Como se justifica então a outra Basílica, dita "in Lucina"? Como é que São Lourenço está ligado a ela? Por que tantos papas e cardeais a cobriram de honrarias na sua longa história?

O turista ou peregrino que desejar visitá-la, partindo da Praça Veneza, deve ir subindo a Via do Corso até uma travessa depois da Praça do Parlamento, à esquerda. E logo se encontra uma igreja como tantas e tantas outras na Capital do cristianismo: oito colunas sustentam uma cobertura, acolhendo o piedoso visitante e preparando-o para entrar na Casa do Senhor. Sobre as colunas, um frontal simples, encimado em forma triangular, ostentando duas janelas comuns, em forma retangular e uma redonda, no centro. À direita, bastante desajeitada, a torre, com seus cinco ou seis andares, de modelo muito frequente nas antigas igrejas romanas. Portanto, externamente, o templo não se impõe como Basílica. E por dentro? Entrando, estamos num espaço de mais ou menos 20x23 metros, fechado, bloqueado por edifícios vizinhos, escuro, sem ventilação. Procurando algo sobre o Santo Diácono, numa Capela, encontramos pintura dele com Santa Lucina. (Existiria a Santa? Teriam vivido ao mesmo tempo?) Junto ao altar-mor, numa espécie de tumba, lemos que ela guarda parte da grelha de São Lourenço e duas ampolas com o sangue do Mártir, lá colocadas em 1112! O templo já começa a se impor ao nosso respeito! Mais curiosos, nós pesquisamos um pouco e ficamos sabendo que, entre o século VII e IX, o templo foi restaurado por vários Pontífices, como Bento II, Sérgio I e, que na restauração de 1112, foi o papa Pascoal II que consagrou o novo altar-mor, lá colocando as santas relíquias referidas...

Dominando o belíssimo altar-mor de hoje, o crucifixo de Guido Reni, que em um perfeito e expressivo contraste de luz-trevas, celebra a vitória de Cristo sobre todos os vestígios de morte e de pecado, justifica e coloca na História da Salvação todos os martírios enfrentados por amor a Ele e a sua Igreja!

Basílica de São Lourenço "in Lucina"

- 4 -

UM PÁROCO NA PISTA
DA GLÓRIA DE LUCINA

Realmente, a Basílica de São Lourenço in Lucina se encontrava em pleno processo de emboloramento: aquele cheiro acre, mais forte aqui, mais fraco lá, mas persistente. A umidade já corroendo tudo: madeiras, tecidos, pinturas, metais, pedras! No início de 1981, foi essa a situação calamitosa que o novo pároco de São Lourenço in Lucina encontrou, lamentavelmente. Tudo caminhava para um desastre total e quem sabe irremediável. Era urgente reagir com presteza e segurança. E o padre Piero Pintus não era homem para fugir do desafio!

Como jornalista formado, começou a denunciar a situação à opinião pública. Vários jornais, cada qual do seu jeito, foram publicando reportagens, dando sugestões, gritando por apoio. Em 30 de abril, *l' Osservatore Romano*, do Vaticano, publicou nutrida matéria sobre o assunto, ampliando e como que oficializando o grito de socorro do aflito pároco.

Acontece que o padre Pintus não permaneceu parado, esperando ajuda. Começou a pesquisar a história da Basílica e descobriu que a umidade, que a corroía, era consequência de extraordinária enchente do Rio Tibre, que realmente não está longe, que acontecera exatamente em 1870, levando água, lama e todo tipo de sujeira para as criptas e os subterrâneos do templo. Lá sepultado, todo esse ingrato material vinha demonstrando que, mesmo aparentemente seco, era capaz de destruir tudo em torno dele. Na época da enchente, os responsáveis, em vez de procederem a uma limpeza completa dos subterrâneos da Basílica, optaram pela solução mais simplória e cômoda: um muro que isolasse a área invadida!

Bom jornalista, o pároco tinha de ser também corajoso detetive. Reuniu amigos, muniram-se de lanternas portáteis, romperam os mármores do muro mais que secular e desceram nos tenebrosos porões da Basílica. E logo que seus olhos começaram a adaptar-se, surpresas sobre surpresas: ossadas, caveiras, túmulos dos séculos passados... e por toda a parte os sinais da lama, dos detritos. Algo de incrível no conjunto!

O padre estava na pista da glória de Lucina!

- 5 -
DO ASFALTO DE HOJE
AO CHÃO DE PEDRO E PAULO

A arqueologia é a ciência que estuda a vida e as culturas de nossos antepassados. O clamor do padre Pintus e suas primeiras descobertas foram aos poucos atraindo o interesse de arqueólogos e até uma arqueóloga, das Instituições, e assim o apoio financeiro e técnico necessário. As escavações foram retirando toneladas e toneladas de entulho debaixo da Basílica. As surpresas foram surgindo e foram iluminando todo um precioso passado enterrado sob a Basílica de São Lourenço "in Lucina". O passado respondeu com luz compensadora, iluminando o templo de sua glória mais autêntica. Eis o resumo de um balanço arqueológico de 1986:

— desenterrada a capela de Bernini, famoso escultor de baldaquino sobre o altar-mor da Basílica de São Pedro, exatamente quando se celebrava o terceiro centenário de sua morte;

— desenterrados os restos da pavimentação da Idade Média, quando o Papa Pascoal II promoveu grande restauração do templo, como já vimos;

— desenterrado o pavimento da 1ª Basílica, que os cientistas colocam em torno dos anos 100;

— desenterrada parte do maior relógio público do mundo, edificado pelo Imperador Augusto, que imperava no tempo de Cristo;

— desenterrado, a quatro metros de profundidade, pavimento de maravilhoso mosaico, contornado de degraus de mármore branco e paredes de sofisticada decoração (afrescos). Para os cientistas, são restos intactos da célebre Casa de Lucina, templo da deusa pagã Juno;

— desenterrado ainda o célebre poço de água sagrada da Casa de Lucina, que as mulheres grávidas tomavam, sob a proteção de Juno. O conhecido poeta romano Ovídio o decanta.

Os subterrâneos de Roma já são um autêntico formigueiro de perfurações conduzidas por arqueólogos. Num tal ambiente, o caminho para uma descoberta se tornar notícia é muito penoso. Mas o que acontece "in Lucina" é deveras luminoso e merece ser apregoado dos telhados, sobretudo pelos verdadeiros cristãos!

- 6 -
O LUGAR DE SÃO LOURENÇO NAS DESCOBERTAS "IN LUCINA"

O leitor, sem dúvida, já está levantando esta questão... Nada mais natural. A arqueologia já nos revelou que "Lucina" ou Casa de Lucina era um templo pagão à deusa Juno, com sua fonte de água sagrada. E como entra então São Lourenço na história gloriosa da Basílica?

Ora, sabe-se hoje em dia que os primeiros cristãos romanos não viviam, como muitos pensam, como ratos perseguidos e encurralados nas catacumbas. Eles tinham seus períodos de paz e até de prosperidade econômica. Conquistavam a adesão de poderosos ou ao menos a amizade e colaboração deles. E assim iam abrindo seus espaços próprios.

Documentos antigos legaram-nos a informação de que Pedro e Paulo teriam morado juntos com a comunidade na, assim chamada, Via Lata. Ora, hoje em dia, a tal Via Lata é exatamente a Via do Corso, que atravessa o antigo Campo de Marte, onde Augusto construíra seu magnífico relógio. Como já vimos, São Lourenço, "in Lucina" fica ao lado da Via do Corso.

Assim sendo, para explicar o fato da presença dos cristãos "in Lucina", supõe-se que eles teriam ganhado o templo pagão ou mesmo o teriam comprado. Dessa forma, bem remotamente, antes mesmo do ano cem, os cristãos puderam gozar dos serviços de sua primeira Basílica em Roma e quem sabe no mundo, num espaço quase exatamente coincidente com a Basílica atual, com as suas três naves amplas e altas, separadas por colunatas decoradas como se vê hoje depois das descobertas.

Portanto, lá "in Lucina" teria sido a sede de Pedro e seus primeiros sucessores. Temos notícias seguras de que lá foi eleito pelo Povo de Deus o Papa Dâmaso, aliás São Dâmaso, em 366. E o padre Pintus assegura que Alexandre I (105-115) escolheu a Basílica como seu domicílio. É de todo plausível, que, neste entretempo, lá também reinou Sisto II e lá foi o centro das atividades de Lourenço, primeiro diácono do papa a serviço de toda Roma de então, a segunda pessoa em importância na Igreja romana.

Lá também ele teria, generosa e jovialmente, dado sua jovem vida por Cristo e pela Igreja. A tradição indica o lugar do seu martírio, exatamente debaixo da capela de São Lourenço na Basílica atual, "in Lucina".

Temos assim, mais ou menos perto da realidade, o cenário histórico em que viveu e morreu o nosso Santo, "in Lucina"!

- 7 -

A TERRA NATAL DE LOURENÇO

Até o momento não tivemos nenhuma notícia acerca da terra natal de Lourenço, dado tão importante e determinante na vida de qualquer pessoa sadia. De outro lado, a experiência nos diz que quanto mais importantes e célebres as pessoas se tornam, mais localidades passam a reclamar a honra de ter sido o seu berço.

Uma releitura atenta do resumo biográfico de São Lourenço, apresentado pelo *Missal Romano*, revelar-nos-á que os historiadores do Vaticano simplesmente silenciam sobre a nacionalidade e o lugar de nascimento do Santo. Eles sabem das coisas...

De fato, atrás da resposta, há séculos e séculos de debates e polêmicas que chegaram a atingir altas temperaturas. A referida biografia do Santo Mártir, escrita por Damian Peñart y Peñart (que passamos a citar às vezes apenas como DPP), apresenta minucioso e bem documentado levantamento de toda essa história. Sendo o autor espanhol e na época até pároco de Huesca, conclui modestamente que a disputa fica entre Huesca e Roma, pendendo, porém, para Huesca.

Vamos ler com atenção o que ele mesmo escreve na página 11 do seu livro: "São Lourenço foi um personagem real, que viveu no século III da Era Cristã. Morreu em testemunho da fé, em um dos martírios mais cruentos que a História recorda".

A Pátria de São Lourenço, nas condições de hoje, não pode ser identificada de maneira definitiva. Como escreveu Durán Gudiol, *falta ainda o monumento, o testemunho da época*, que decida peremptoriamente. Todavia, a tese que defende a pátria oscense (de Huesca) de São Lourenço goza de uma grande probabilidade. Os testemunhos da história, na balança, pendem a seu favor.

Quanto à vida de São Lourenço, há bem poucos dados absolutamente seguros. Sabe-se que padeceu o martírio em Roma, num 10 de agosto da perseguição de Valeriano. Com firmeza e constância, sempre se afirmou que ele foi o arcediago ou primeiro diácono do papa, São Sisto II. Tal posto fazia dele o segundo na hierarquia da Igreja Romana: pessoa de confiança do papa, administrador dos bens, dos cemitérios, das esmolas e rendas, encarregado das pessoas dedicadas a estes serviços e responsável pela guarda dos arquivos. Em circunstâncias normais, o arcediago sucedia ao papa na sede de Pedro.

- 8 -

HUESCA, GEOGRÁFICA E HISTÓRICA

Huesca é cidade espanhola, capital da Província de Aragão. Eis o que nos diz um *Dicionário Enciclopédico* publicado em 1982:

"ARAGÃO (em esp. ARAGÓN), região do NE da Espanha, que compreende as províncias de Huesca, Saragoça e Teruel: 1.120.000 hab. No século XIII o reino de Aragão uniu-se à Catalunha. Cresceu mais tarde com a conquista de Valença, das Baleares, da Córsega e da Sardenha e da Sicília. O casamento de Fernando, rei de Aragão, com Isabel de Castela (Reis Católicos), em 1469, uniu esse reino ao de Castela em 1474".

Sobre Huesca:

"Cidade da Espanha (Aragão): 33.200 hab. Bispado. Catedral do século XIII. E a antiga Osca dos romanos".

Daí chamarem-se "oscenses" os habitantes de Huesca.

Com justo orgulho, eles conservam antiquíssima tradição que permanece de geração em geração: César mesmo teria apelidado a cidade de "Urbs Victrix", ou seja, "Cidade Vitoriosa!" Não se trata de um César qualquer, mas de um dos maiores gênios militares da história, aquele que morreu como imperador Romano em 44 antes de Cristo!

Isso realça a grande antiguidade da Huesca, a força, a dignidade, a capacidade de luta do seu povo. Foi capital do Reino de Aragão em torno de dois séculos e meio.

Sofreu também longo tempo de terrível humilhação: durante nada menos que 380 anos gemeu sob dominação muçulmana. Heroicamente conseguiu libertar-se na batalha de Alcoraz, no ano de 1096 — data que os oscenses dificilmente esquecerão. Foi uma vitória relativa, pois os inimigos continuavam por perto, bem perto, ameaçadores. O orgulho da multissecular "Urbs Victrix" continuava à prova.

Pelos poucos dados aqui recolhidos, fica evidente que a cidade que reivindica a honra de ser a terra natal do Diácono Mártir realmente existe ainda hoje, pujante, muito consciente de ser herdeira de uma história, que se perde para os tempos antes de Cristo, e de ser perfeitamente capaz de formar homens da têmpera de um São Lourenço!

- 9 -
HUESCA CRISTÃ

Levando em conta a data da morte de São Lourenço em Roma, no ano de 258, que é historicamente correta, é justo perguntar àqueles que defendem ser Huesca sua terra natal: será que naquele tempo o cristianismo já chegara naquele lugarzinho da então longínqua Espanha?

Por incrível que pareça, a resposta é francamente positiva. Para comprová-lo, basta lembrar que pelos anos 300 reuniu-se o Concílio de Elvira (ou Iliberri), na Espanha, no qual deram sua presença 19 bispos e 24 presbíteros (sacerdotes), que em geral representavam seus respectivos bispos! Eles assinaram os 81 cânones (leis, decretos) disciplinares. As atas existem até hoje! E mais: do Aragão dois bispos estavam lá! Era ainda um cristianismo de minoria, mas presente em todas as classes, em todas as formas de existência, bem encarnados e atuantes. Além disso, igrejas católicas bem organizadas, com seus bispos, sacerdotes, diáconos, tendo a Eucaristia como centro e obedientes ao papa de Roma. Portanto, quando nasceu São Lourenço, Huesca já era católica.

Huesca se orgulha de ser a "Pátria dos Mártires". Por quê? Teria tido, sim, seus tantos e tantos mártires, mas o motivo principal de se sentirem tão honrados era exatamente São Lourenço e São Vicente, diáconos e mártires. A festa maior, até hoje, é a de São Lourenço, no dia 10 de agosto, que coloca nas ruas uma rica tradição acumulada de séculos e séculos! A festa menor é a de São Vicente, aos 22 de janeiro.

Huesca – Basílica de São Lourenço Mártir

Bons filhos da Igreja Católica, os oscenses, muito se alegram de saberem que seus dois filhos, desde tempos remotíssimos, figuram na ladainha de todos os santos como o segundo e terceiro no elenco dos mártires, logo depois de Santo Estêvão, o primeiríssimo mártir da História da Igreja, que era também jovem diácono! (At 7). Essa ladainha, abreviada, permanece nos grandes momentos da liturgia Romana como nas ordenações e na Vigília Pascal.

"Se os homens egrégios são a glória máxima de um povo ou de uma raça — os monumentos mais importantes — Huesca sente com toda a razão o nobre orgulho de ser a pátria de São Lourenço e São Vicente. É um legado recebido em sua história, constatado por uma firme tradição, que nada, até hoje, conseguiu desmentir" (DPP — p. 10).

- 10 -

OS SANTOS E AS LENDAS

Os grandes santos de profunda penetração na devoção popular costumam inspirar fecunda produção de todo tipo de lendas. No caso de um São Francisco de Assis, por exemplo, sobretudo depois de sua morte, surgiu tanta literatura sobre ele que a Ordem Franciscana, oficialmente, mandou queimá-las e encarregou o douto São Boaventura de escrever uma biografia mais fiel ao que o Fundador realmente fora.

No Brasil, temos o caso do Pe. Cícero, no Nordeste, conhecido e desconhecido de muitos, tal o número de "causos" sobre ele.

Portanto, o surgimento das lendas confirmou a grandeza dos santos, o alto grau de penetração dos seus exemplos na alma do povo. Compete ao historiador ou leitor compreender e valorizar o fenômeno e saber distinguir o que é de fato histórico daquilo que é fruto da criatividade e da fantasia dos autores.

São Lourenço com seu martírio não escapou a uma explosão de lendas e mais lendas, mas sempre com algo de histórico no seu bojo. Uma das mais conhecidas é a que narra o seguinte: Sisto estava pregando o evangelho em terras de Espanha e encontrou um menino abandonado junto a um *lou-*

reiro. Tomado de compaixão, recolheu-o e deu-lhe o nome de *Lourenço*. Eleito papa, levou Lourenço consigo, para Roma, onde os dois acabaram dando sua vida por Cristo e pela sua Igreja.

Portanto, o que a lenda teria de histórico seria a origem espanhola de São Lourenço e seu martírio em Roma, ao lado do papa que ele serviu. O resto traz o sabor da piedade popular que tenta explicar o que ainda não sabe sobre o seu Santo.

Se de fato São Lourenço nasceu em Huesca, em que circunstâncias teria nascido?... Quem seriam os pais?... Como era a sua família?... Como chegou a diácono, ainda tão moço?... E como e por que deixou sua cidade natal para morar em Roma?

Sem esquecer que somente pelo ano mil Huesca se libertou de séculos de dominação muçulmana, durante os quais os valores católicos foram como que soterrados, vamos dar início à transcrição de uma longa lenda sobre São Lourenço que nos dará as suas respostas sobre o nascimento e a infância de tão querido mártir.

- 11 -

A TRADIÇÃO
LOURENCIANA OSCENSE
(Lendas e História)

Vamos seguir mais ou menos o texto de Damian Peñart y Peñart (DPP): em meados do século III, vivia em Huesca um cidadão chamado Orêncio, varão simples, reto e temeroso a Deus. Tinha duas casas, uma em Huesca, onde hoje é a Basílica, e outra fora da cidade, num lugar chamado Loret ou Loreto, distante quatro quilômetros.

Orêncio era rico e nobre e se casou com uma senhora chamada Paciência, igual a ele em nobreza, bondade e virtude.

De um parto só, Paciência teve dois filhos, Orêncio e Lourenço. Os dois eram virtuosos e tementes a Deus. Desde pequeninos, foram educados na fé cristã e, tendo atingido a idade conveniente, passaram a estudar numa escola da cidade. (Um pequeno monumento, na metade do caminho Huesca-Loreto, recorda o lugar até onde a mãe acompanhava os filhos e para onde ia recebê-los quando regressavam da escola.)

Com o tempo, Orêncio foi ordenado sacerdote, e Lourenço, diácono.

Um dia chegou a Huesca um virtuoso varão, de origem grega, chamado Sisto, que depois foi bispo de Roma e se chamou Sisto II. Ele regressava de uma viagem a Toledo e outras cidades da Espanha, como legado do papa, quando passou por Loreto, onde o venerável Orêncio o recebeu e hospedou em sua casa.

Sisto, atraído pelas boas qualidades de Lourenço, foi tomado por um grande afeto para com ele e passou a desejar levá-lo consigo, para Roma. Sentia o jovem oscense bem firme na fé, virtuoso nos costumes e bem preparado nos estudos, sábio, robusto e forte para qualquer tarefa ou missão. Com palavras convincentes, Sisto expressou seu desejo aos pais de Lourenço, que acederam aos pedidos.

Antes de partir para Roma, Sisto teve uma revelação do martírio de Lourenço e ali mesmo, na casa paterna, dedicou-lhe um oratório, querendo honrar nele o seu nome.

Pouco depois, Sisto e Lourenço empreenderam a viagem a Roma, com grande ânimo e alegria, enquanto os pais de Lourenço se consolavam com as palavras de alento que Sisto lhes havia deixado na hora da despedida. Desde aquele dia, Orêncio e Paciência, ainda mais inflamados na fé cristã, praticaram mais ardentemente a caridade para com os necessitados.

- 12 -

A TRADIÇÃO
LOURENCIANA OSCENSE — II

Mal haviam chegado a Roma, Sisto e Lourenço ficaram sabendo que o papa Estêvão tinha morrido. Para sucedê-lo, foi eleito Sisto, que logo escolheu Lourenço como seu arcediago ou primeiro diácono. Esse cargo colocava Lourenço no segundo lugar da hierarquia eclesiástica de Roma, imediatamente depois do papa, a quem o arcediago sucedia numa situação normal. O arcediago estava encarregado da administração dos bens eclesiásticos, cemitérios, rendas, arquivos e vasos sagrados e era também o primeiro responsável pelas obras de caridade.

Lourenço cumpria fielmente essas tarefas, quando se desencadeou a perseguição de Valeriano, na qual sucedeu o martírio do santo diácono. As Atas desse acontecimento foram destruídas, mas a piedade popular e escritores, como alguns Santos Padres, Prudêncio e a Paixão de Policrônio, procuraram reconstituí-lo.

Morto São Lourenço, voltemos a Loreto, onde deixamos seus pais e seu irmão Orêncio. A tradição oscense recorda que chegou o dia em que o Senhor quis dar a Paciência o prêmio eterno. Essa santa mulher morreu, e seu corpo foi depositado no oratório que Sisto dedicara a seu filho mártir.

O velho Orêncio quedou-se aflito e triste. Uma noite, estando em oração, ouviu uma voz que lhe pedia, como a Abraão, que saísse de casa e deixasse a parentela. Em companhia de seu filho Orêncio, pôs-se a caminho, e, guiados por uma luz do céu, chegaram os dois aos campos de Labedán, diocese de Tarbes, no sul da França.

Orêncio pai e Orêncio filho conquistaram logo a amizade de todos os habitantes da região, e a presença deles foi motivo de vários milagres do céu; até que um dia um anjo lhe indicou que voltasse de novo à terra de Huesca.

Eles se dispunham a partir, quando Orêncio, filho, foi eleito bispo de Auch, na França. Estavam ainda em Labedán, quando chegou-lhes a notícia do martírio de Lourenço, em Roma. O próprio filho mártir apareceu ao pai e lhe manifestou que gozava de uma recompensa bem superior a tudo o que sofrera. Ao mesmo tempo lhe indicou que devia retornar à sua terra de Huesca.

Por causa da seca, uma grande fome flagelava a cidade, e o benefício da chuva lhe seria concedido mediante a sua intercessão.

- 13 -

A TRADIÇÃO
LOURENCIANA OSCENSE — III

Orêncio pai volta para seu torrão natal. Foi com grande emoção que seus vizinhos e amigos o viram partir para a sua terra de Huesca e a sua casa de Loreto. Por sua vez, os habitantes de Huesca e as populações dos arredores receberam o amigo já ancião com enorme contentamento. E logo se uniram em torno da aflição comum, suplicando aos céus as chuvas pelas quais clamavam os ressequidos campos oscenses.

Por fim, carregado de tantos dias e merecimentos, chegou também para Orêncio a hora de receber o prêmio por tão longa peregrinação. Numa atitude penitente e sob a proteção de seu filho Lourenço, entregou o seu espírito ao Senhor.

O ancião Orêncio foi enterrado na mesma sepultura da esposa, santa Paciência. Aos que um santo matrimônio havia unido na vida, a morte também uniu num mesmo sepulcro. Ambos, Orêncio e Paciência, receberam depois as súplicas e a veneração do povo oscense, que os considerou santos e recorreu a eles com confiança pedindo ajuda para os campos em que eles mesmos haviam trabalhado e que haviam regado com o suor de seu rosto.

Como se pode ver, considera DPP, a lenda floreou também em torno da família de São Lourenço, segundo a tradição oscense. Também aqui, nesses relatos, há grãos de história e florões da lenda. Seja como for, a *História Eclesiástica e o Martirológio Romano* — elenco oficial dos santos da Igreja Católica — consideram Santo Orêncio e Santa Paciência como santos de Huesca! E isto é muito importante! De outro lado, a tradição oscense os apresenta, com uma convicção muito firme, como confessores da fé e não como mártires, como o querem alguns. O próprio *Martirológio Romano*, por pressão oscense, tirou os santos da lista daqueles que derramaram o sangue pela fé e os colocou entre os que viveram a vida toda dando luminoso testemunho da fé e assim também morreram no Senhor. E mais este dado curioso, digno de destaque e reflexão: em todas essas lendas, seja na Itália, seja na Espanha, SÃO LOURENÇO É SEMPRE CONSIDERADO ESPANHOL!

- 14 -

O DIACONATO DE SÃO LOURENÇO

De acordo com a tradição oscense, São Lourenço foi ordenado diácono pelo bispo da região, e seu irmão gêmeo sacerdote. Ora, que vem a ser um "diácono"?

Os Evangelhos nos mostram Jesus várias vezes ocupado em converter os discípulos para uma das revoluções do seu reino: no seu reino, o chefe, a autoridade deveria *servir*. E Ele mesmo serviu os discípulos, até lavar-lhes os pés! Assim, passando a sua autoridade para eles — ordenando-os sacerdotes —, Jesus passou-lhes a missão de servir a comunidade.

Na Bíblia, Atos dos Apóstolos, capítulo 6, surpreendemos os apóstolos fazendo exatamente isto: a serviço da comunidade, da Igreja recém-nascida, ainda infantil na vida cristã de cada dia. Em torno dos apóstolos, a Igreja se expandia e também estrangeiros iam chegando. Certa tensão entre nacionalidades também se foi esquentando, até que os gregos abriram o jogo: reclamaram que as viúvas gregas estavam sendo prejudicadas pelos apóstolos *"no servir a mesa"*. Os apóstolos humildemente reuniram a comunidade (assembleia) e, debatendo o problema, acabaram pedindo que, depois de orar, escolhessem *sete varões* para assumirem aquela parte do serviço, pois eles tinham de "orar e pregar". Foram escolhidos os irmãos, todos os nomes gregos, a começar de Estêvão. Os apóstolos os aprovaram, oraram de novo e, invocando o Espírito Santo, impuseram as mãos sobre eles. Assim, conferiram a eles parte do poder e da autoridade que Jesus mesmo lhe dera. São Paulo, escrevendo a Timóteo, dá instruções aos diáconos (1Tm 3). Os apóstolos comunicaram aos sete varões o "servir" a comunidade e, como servir em grego é "diaconía", em pouco tempo o nome pegou. Mais ou menos 200 anos depois, lá na longínqua Espanha, um bispo repetia a imposição sobre a cabeça de Lourenço e do irmão dele: detentor da plenitude do sacerdócio, o bispo conferia aos dois irmãos, a cada qual num grau diferente, o mesmo sacramento de sacerdócio (da ordem). O diácono recebe o grau mínimo de participação do sacerdócio ministerial, de Cristo.

É claro que o "servir a mesa" teve rápida progressão dentro de uma comunidade viva. No tempo de São Lourenço, um diácono já podia exercer mil atividades dentro da Igreja, como já foi dito sobre o diácono mártir de Roma.

- 15 -

A CAMINHO DE ROMA

Se ordenado em Huesca ou em Roma, o certo historicamente é que Lourenço era de fato diácono segundo o rito e a disciplina da Igreja Romana.

Aceitando a lenda oscene, o bispo Sisto, legado do Papa, de retorno a Roma, levou consigo o diácono que tão afortunadamente encontrara em Huesca. Sobre dados da História, podemos imaginar como teria sido a viagem. No primeiro volume da *Nova História da Igreja*, Vozes, Daniélou-Marrou nos descrevem a situação da Igreja no tempo de São Lourenço, até com mapas simples e realmente reveladores. Um documento de São Cipriano, bispo de Cartago, da época, atesta que, na metade do século III, a Espanha já contava com as Igrejas de Astorga, Mérida e Saragoça, com seus respectivos bispos e suas paróquias e capelas. No Norte da Itália, as igrejas de Milão, Aquileia e Ravena. De outro lado, um documento de papa Cornélio revela a pujança da Igreja de Roma em torno do seu bispo, 46 sacerdotes, sete diáconos, sete subdiáconos, 42 acólitos, 56 exorcistas, leitores (em geral adolescentes) e porteiros (os relações públicas de hoje).

Essa organização, com os mesmos nomes, perdurou até os nossos tempos, até a reforma litúrgica efetuada depois do Concílio Vaticano II.

Quem escreve essas linhas passou por todas essas ordens menores e maiores como eram chamadas.

Quanto aos sete diáconos do bispo de Roma, o Papa, tudo indica que se relacionavam às sete diaconias criadas pelo Papa Fabiano (236-250) para melhor governo da Cidade Eterna e serviço aos irmãos na fé.

E mais: em 251, reuniu-se o Concílio Romano, composto de nada menos que 60 bispos, todos dos arredores de Roma. Por isso o bispo de Roma tinha um outro título, o de Patriarca.

Da pequenina Huesca para a Roma cosmopolita a transição era de fato estonteante!

Além disso, o Concílio Romano e o bispo de Roma já eram reconhecidos pelos outros bispos do mundo como que revestidos de uma autoridade toda particular, como o professou abertamente São Cipriano, bispo de Cartago, África. Tratava-se do Primado dado por Cristo a Pedro e a seus sucessores (v. Mt 16,18).

- 16 -

CAMINHOS PARA ROMA

Sim, havia caminhos para Roma, e vários e bons. Lá onde chegava a Legião Romana (*Legio Romana*) era para vencer e para permanecer. Os militares já avançavam estabelecendo vias de comunicação, abrindo estradas, criando rotas marítimas e caprichando nas comunicações estratégico-militares. Sabe-se que quando caiu Jerusalém, 70 depois de Cristo, a notícia da morte do Imperador em Roma chegou ao comando das tropas que lá guerreavam em 30 horas mais ou menos!

No tempo de São Lourenço, Ostia Antica (Óstia Antiga), a pouco mais de vinte quilômetros de Roma, vivia o tempo de esplendor, com seus 100.000 habitantes, porto de entrada e saída para a Capital do Orbe, bem fornido, entreposto de mercadorias de todo tipo, arsenal da marinha, centro de comunicações, cidade super-requisitada, com seus templos, banhos, sua Basílica do Imperador, grandiosa, e também sua Basílica cristã, enfim, uma capital portuária. Lá se vê, bem claramente, o "guichê" ou lugar dele, onde Santo Agostinho, decênios depois de São Lourenço, comprou passagem para Cartago-África bem como o depósito de mercadorias para a África e outros lugares. O visitante de Óstia contempla ainda o grande mosaico que, mediante rostos masculinos e femininos, personifica os ventos e as quatro grandes províncias romanas: Sicília, Egito, África e Espanha, terra de São Lourenço. Transborda a admiração do visitante quando entra na Praça das Corporações e se depara com os emblemas das corporações em mosaico, em número de 70! E entre elas os dos armadores de Narbona e Arles, no Sul da Gália (França), onde a Igreja já estava organizada. Portanto, Sisto e Lourenço poderiam ter viajado via marítima.

É claro que os romanos não deixaram de abrir também abundantes "rodovias" para todos os lados, constituídas de pedras justapostas com muita maestria. Dessa forma, o peregrino que tiver a graça de ir até Emaús vai gozar da devotíssima emoção de pisar e repisar as pedras da via romana, que passa quase no centro do terreno dos franciscanos, ladeada de pequena e modesta vila romana. Numa visão de fé, temos a certeza de que o mesmo Jesus vivo e ressuscitado acompanhou bem íntima e misteriosamente a longa caminhada de Sisto e Lourenço rumo a Roma, seja por mar seja por terra... (v. Lc 24).

- 17 -

NO CAMINHO PARA ROMA

Para ser legado do papa e depois até seu sucessor, o bispo Sisto devia ser um homem extremamente bem prendado. Levando em conta suas muitas qualidades positivas, é de realçar que foi ele a tomar a iniciativa de convidar o jovem Lourenço para acompanhá-lo, para servi-lo na sua diocese, que não era Roma. De seu lado, parece que o diácono oscense não opôs resistência, fascinado, quem sabe, pelos dotes, pela piedade e ação eclesial de bispo. E começou a nascer então aquele processo maravilhoso entre os dois homens, que nós chamamos de amizade, um dos valores mais sublimes que Deus colocou na existência humana.

Nas páginas bíblicas, Livros dos Reis, brilha a profunda e pura amizade que unia os jovens Davi e Jônatas. No Novo Testamento, o próprio Filho de Deus feito homem nos deixou exemplos magníficos: sua amizade com João, o predileto; com Nicodemos e mesmo com mulheres como Maria, Marta e outras tantas. Por mais que os filhos do mundo e do pecado insistam em ver tais amizades somente sob a perspectiva neurótica e satânica de práticas sexuais, como cristãos, na força e na graça do Cristo Ressuscitado, aquele do caminho de Emaús, temos a alegria de vivê-las na sua profundidade e riqueza de frutos! "Quem quiser me seguir..." — convida o Senhor.

No caminho para Roma, Sisto e Lourenço permaneciam sempre na presença do Cristo de Emaús, que era o mesmo da Eucaristia, que eles procuravam celebrar diariamente, quanto possível. Em que língua se entendiam? Mandado à Espanha pelo papa, Sisto devia conhecer a língua da terra mãe de Lourenço. Naquela época, o grego estava deixando de ser a segunda linguagem dos habitantes do Império, e o latim começava a ocupar-lhe o lugar, como linguado vulgo, do povo-vulgar. Uns cem anos depois, o Papa Dâmaso mandaria São Jerônimo traduzir a Bíblia para o latim. Ela passou a chamar-se Bíblia Vulgata!

Sisto, no caminho para Roma, tinha muito para ensinar ao seu jovem diácono sobre a Capital do Império, sobre a sua diocese, sobre história, artes, liturgia, catequese, missões, perseguições. E Lourenço bebia tudo avidamente, pagando com serviços de toda ordem, cercando o bispo de atenções, chegando mesmo a adivinhar seus desejos. Assim, na presença do Cristo de Emaús, tal amizade atingiu alto grau de perfeição, sobretudo nas vezes tantas que tiveram de se perdoar mutuamente, segundo as riquezas infinitas do mistério da Cruz!

- 18 -

O PAPA ESTÊVÃO I — SANTO

A própria lenda oscense declara que o bispo Sisto sucedeu ao Papa Estêvão, que o enviara à Espanha. Interessa-nos, pois, saber algo deste grande papa de pura estirpe romana, filho de uma das famílias mais famosas da Capital do Império. Sucedeu ao Papa Lúcio I desde o dia 24 de maio de 254. Os imperadores eram Valeriano e Galério. Cruentas perseguições se revezavam com pequenos períodos de paz. Por isso, como tantos papas da época, ele também governou a Santa Igreja num curto período de tempo, vindo a morrer em 257, frequentemente considerado como mártir. Antes da reforma litúrgica do Vaticano II, era celebrado a 2 de agosto.

Esse papa tem lugar de destaque na História da Igreja por causa das disputas que manteve com o então bispo de Cartago, São Cipriano, mediante cartas ainda hoje conservadas em livros. Cartago era um bispado de grande peso na vida da Igreja de então. Os dois bispos sustentavam posições divergentes. O bispo africano defendeu como pôde sua posição. Mas quando Estêvão deu o assunto por decidido, mantendo o seu ponto de vista, Cipriano obedeceu! O primado do bispo de Roma prevaleceu! Não demorou muito, os dois davam a vida por Cristo e sua Igreja.

Teve tempo em dar sua contribuição para elevar o padrão das celebrações litúrgicas: introduziu no *Liber Pontificalis* — o ritual litúrgico da época — a obrigação de os ministros se revestirem de vestes próprias nas celebrações.

O autorizado *Dicionário da Igreja Cristã de Oxford*, edição de 1966, traz um dado de extremo interesse para quem estuda São Lourenço: o papa Estêvão interferiu na Igreja na Espanha para resolver problemas causados pela perseguição de Décio. Esse imperador obrigara os cidadãos todos a sacrificar aos deuses. Muitos cristãos morreram mártires, negando-se! Outros fraquejaram e depois da perseguição queriam retornar à Igreja. Daí surgiram sérios problemas! Esse dado histórico confirmaria que o legado Sisto deveras existiu! A lenda oscense se tornaria história também nesse ponto. E o fato de a lenda citar simplesmente papa Estêvão, e não Estêvão I, mostraria a antiguidade do texto, uma vez que Estêvão II morreu em 757.

Uma outra informação intrigante de um antigo livro italiano: o papa Estêvão I teria sido preso uma segunda vez, celebrando no cemitério cristão "di Lucina" onde lhe teriam dilacerado a cabeça! Em 257!

- 19 -

SOBRE A ORDENAÇÃO
DE LOURENÇO

É historicamente seguro que Lourenço deu sua vida a Cristo e sua Igreja como arcediago de Roma, sendo papa Sisto II. Se ele morreu diácono é certo também que um dia foi ordenado. A tradição romana quer que ele tenha sido ordenado em Roma. Mas nada de provas. Sugestivas pinturas, obras de arte, nada provam. De outro lado, Huesca possui aquela lenda, já conhecida, que também nada prova. O livro de Peñart prova que durante séculos e séculos, até os tempos modernos, Roma, em pleno silêncio, sempre acatou que Lourenço era espanhol. E até hoje, nunca provou que ele era romano.

Seja como for, uma vez eleito papa, Sisto II tinha de agir com rapidez e segurança na escolha de seu "ministério", sobretudo do "primeiro ministro", o arcediago de Roma. A terrível tensão criada pelas perseguições, o tamanho da cidade, a complexidade do governo da Igreja local, o numeroso clero, nem sempre dócil, sempre marcado pelo pecado original, buscando subir, procurando mais "vantagens", o número de cristãos pobres, em torno de 1500, esses fatores e outros tantos não permitiam ao novo papa perplexidade maior. Sendo ele até então bispo de um outro lugar, digamos que viesse a conhecer o jovem Lourenço — 25 a 27 anos — somente depois de eleito bispo de Roma. Não seria imprudência nomeá-lo arcediago no "amor à primeira vista"? Tendo ele governado apenas um ano, como nasceria entre eles tão profunda amizade, como o quer a tradição romana? O que parece mais "natural" é que, ao chegar a Roma para prestar contas ao papa Estêvão, a profunda amizade que unia Sisto e Lourenço, a modo de Cristo-Emaús, tenha brilhado profusamente aos olhos de todos, de modo que uma vez eleito bispo de Roma, Sisto II, de um modo de todo natural, tenha escolhido seu diácono para arcediago romano.

Onde seria a Sede papal? Certamente em Lucina. Sabe-se com segurança que o papa Dâmaso (espanhol) foi eleito no ano de 366, em Lucina. O dado histórico insiste no "in Lucinis", porque ao mesmo tempo era eleito um falso papa, em outro lugar. Sendo Dâmaso eleito "in Lucinis", era ele o papa autêntico, pois a sede papal, por tradição ligada a Pedro e Paulo, já era em Lucina.

No tempo de Lourenço, o templo seria dedicado a "Deus Salvador" ou a São Miguel.

- 20 -

A PERSEGUIÇÃO DE VALERIANO

Valeriano reinou de 253 a 260. No princípio de seu governo, os cristãos gozaram de uma trégua, que aproveitaram para recuperar o que fosse possível dos estragos materiais e, sobretudo, pessoais causados pelo perseguidor Décio. Mas durou pouco tempo esse abençoado período. Logo em 257, nova e tremenda tempestade desabou sobre o rebanho de Cristo. De acordo com uma observação de São Dionísio de Alexandria, teria sido o Ministro da Fazenda do Governo, Macriano, o inspirador dessa perversidade. Como o exército romano consumisse muita verba defendendo os limites longínquos do Império da invasão de povos bárbaros, abafando revoltas, mantendo a ordem interna, o Tesouro estava à míngua, lutando contra a inflação e seus perturbadores agentes.

Em que a perseguição à Igreja iria ajudar a Macriano que, pertencendo a uma sociedade secreta do Egito, odiava de modo especial os cristãos? Acontece que o plano dele não visava à Igreja, à fé cristã, mas às riquezas das igrejas e dos cristãos mais ricos e poderosos. E isso vem cabalmente comprovado pela Carta 80 de São Cipriano de Cartago a Suceso, datada de agosto de 257: "Sabei que já retornaram aqueles que eu enviei a Roma para averiguar o que de fato havia sido decretado sobre nós, pois se afirmavam coisas divergentes e incertas. Eis, pois, o que acontece: Valeriano enviou um escrito ao Senado, em que ordena que os bispos, presbíteros e diáconos sejam executados sem mais; os senadores, os que ocupam altos cargos e cavaleiros romanos sejam privados de sua dignidade e despojados de seus bens e, se depois disso continuarem confessando-se cristãos, sejam decapitados; as matronas sejam despojadas de seus bens e exiladas; e por, último, a todos os cesarianos (funcionários imperiais) que antes ou agora se confessem cristãos sejam-lhes confiscados os bens, presos e distribuídos nas possessões do Império".

Como facilmente se depreende da leitura dessa carta, o móvel principal da perseguição de Valeriano não foi preservar a unidade da religião pagã, como na perseguição de Décio (250), mas a necessidade e o afã de dinheiro. Foram numerosas as vítimas. Valeriano teve fim humilhante. São Lourenço passou a ser o símbolo mais popular da vitória do cristianismo sobre o mundo pagão. Vive na Igreja até hoje!

E Valeriano?...

- 21 -

DIÁCONO — MINISTRO DO BATISMO

Já no tempo de São Lourenço, a prática batismal da Igreja, sobretudo a romana, era muito semelhante à dos nossos tempos. Assim, se a tradição oscense fosse comprovadamente histórica, o pequeno Lourenço e seu irmão gêmeo Orêncio teriam sido batizados ainda recém-nascidos, pois, desde os tempos apostólicos, a Igreja batiza as crianças das famílias que oferecem humana garantia de que elas serão educadas na fé que receberam. E, no século III, até os padrinhos já "funcionavam".

O normal, porém, era o batismo de adultos, com um período de preparação chamado catecumenato, que poderia durar até três anos. De um modo geral, podemos dizer que os vários ritos do batismo de hoje, como o de entrada, assinalar com a cruz, renúncia a Satanás e suas obras, as promessas do batismo, o Credo, e outros, eram celebrados em separado durante os anos de preparação. Cada celebração era revestida de beleza e unção própria, no Senhor. Toda a comunidade era envolvida no acompanhamento dos candidatos, na seleção, aprovação. Os diáconos, como São Lourenço, tinham sua parte saliente das celebrações, mais ou menos como no atual rito da Missa dos Santos Óleos, na Quinta-feira Santa: o bispo presidindo, cercado de sacerdotes concelebrantes e também por diáconos, com suas funções bem determinadas.

Em dois períodos litúrgicos o batismo era realizado de modo soleníssimo: Páscoa e Pentecostes. Ainda hoje, as Missas de primeira semana da Páscoa refletem aqueles tempos gloriosos em que a Comunidade Eclesial prolongava por uma semana as alegrias de contemplar o seu próprio crescimento nas pessoas dos irmãos batizados.

Como diácono, naquele período de perseguições, Lourenço tinha ocasião de batizar, ele mesmo, doentes e feridos. Com que unção celebraria ele tão santos ritos pelos quais o próprio Cristo Ressuscitado perdoava aos pecadores e lhes transmitia a vida eterna como membros do seu Corpo Místico, a Igreja!

E mais: se alguém morresse mártir, confessando o nome de Jesus, era considerado batizado pelo chamado batismo de sangue. De sua parte, os leigos, cientes da importância do batismo para a salvação, em casos extremos, batizavam eles mesmos, com qualquer água! E a Igreja de Roma se sentia feliz e agradecida de ser herdeira das águas "in Lucina": elas, que tanto haviam ajudado grávidas a dar à luz, agora geravam para a Luz de Cristo tantos cristãos! E consta da tradição de Lucina uma devoção das futuras mães à maior das mães entre simples mortais: a Senhora Sant'Ana, que gerou a Mãe Imaculada do Salvador!

- 22 -

DIÁCONO — MEDIADOR DOS PENITENTES

Na Revelação bíblica, consta com a devida clareza, no finzinho do Evangelho de São João, que Jesus Ressuscitado conferiu à sua Igreja o poder de julgar o pecador, perdoando-lhe ou não. Através dos séculos, o papa e os bispos, aos quais o Senhor deu o governo da Igreja, foram regulamentando o modo, a disciplina do sacramento da reconciliação.

No século de São Lourenço, com as perseguições, houve muitos debates sobre a disciplina em pauta, e a administração da penitência chegou a certo auge. Assim, não é de todo inverossímil imaginar que na vida de São Lourenço, mais de uma vez, tenham acontecido cenas mais ou menos como a que segue.

Por mais zeloso que fosse, o diácono Lourenço deixou passar um bom tempo sem visitar uma família pobre, cujo chefe estava bem doente. A seu tempo, dirigiu-se à casa deles. Lá chegando, com mantimentos, mas sobretudo com o pão eucarístico, abraçou a todos com terna amizade, deu-lhes o beijo da paz e logo começou a celebrar a comunhão para o paciente e a esposa, enfermeira sempre junto ao leito. Cumprindo o ritual, logo compôs um ambiente de recolhimento e unção litúrgico-sacramental.

Depois da celebração, a dona da casa o chamou num cantinho e lhe disse que um irmão dela, que morava ao lado, durante a perseguição de Décio, fora fraco e, embora não sacrificando aos deuses falsos, conseguira das autoridades certidão de ter sacrificado (libelo). Ele estava muito arrependido e desejava pedir a Lourenço que conseguisse para ele a "libelo da paz" com Deus e a comunidade.

O diácono logo foi visitar o penitente. Convenceu-se do seu arrependimento. Sem perda de tempo, encontrou um sacerdote que lhe atendeu a "confissão". O sacerdote impôs ao penitente um ano de afastamento da celebração da Missa, "in Lucina". Teria de passar por uma reciclagem catecumenal e confirmar sua adesão às virtudes cristãs. O penitente revelou-se de fato zeloso, de modo que seis meses depois, em solene celebração, o bispo o reconciliou com Deus e com a comunidade eclesial, para grande júbilo de todos.

Mais que ninguém, vibrava no amor de Cristo Reconciliador com o Pai, no amor do Espírito Santo, o diácono Lourenço, servo dos irmãos.

- 23 -

CELEBRANDO A EUCARISTIA
COM O PAPA

Será que no tempo de Lourenço celebravam a Missa todos os dias? Certos estudiosos admitem que sim. Uma coisa é certa: aos domingos, dia do Senhor *(dies Domini)*, os fiéis levavam o pão eucarístico suficiente para comungarem em casa até o domingo seguinte. Seja como for, Lourenço era o primeiro diácono do papa. Por isso celebravam juntos a Eucaristia frequentemente.

Qual seria o texto seguido por eles? A resposta é mesmo surpreendente para muitos: eles rezavam, segundo antiquíssima tradição romana, seguindo substancialmente a moderna *II Oração Eucarística*, sem dúvida a mais utilizada no mundo de hoje!

Considerando diretamente o coração mesmo de uma Missa, Sisto e Lourenço tinham consciência luminosa que, pelas Palavras de Cristo repetidas na consagração, o mistério do Calvário acontecia de novo, de modo real-sacramental, em Roma! Era ação do Cristo-Emaús, caminhando ao lado de seus fiéis, chagado e gloriosamente ressuscitado, vencedor do pecado e da morte!

Plenamente impregnados desse mistério, sob a luz dele, faziam a memória dos membros vivos da Igreja santa e pecadora: eram tantos!... Mas eles se detinham sobretudo na memória dos prisioneiros, destinados à matança, como cordeiros sem defesa... Essa memória então se tornava fonte borbulhante de tão viva e real esperança cristã, que os fazia até desejar dar sua vida por Cristo e sua Igreja. E seria *Lucro* para eles!

Na mesma Oração Eucarística, a memória dos mortos, sob a luz do mesmo mistério, tornava-se para eles como que o gemido da Igreja, Esposa de Cristo, lembrando a solene promessa que Ele mesmo fizera: "Quem come deste Pão, mesmo que morra, viverá eternamente!" (v. Jo 6).

E na memória da hierarquia, dos responsáveis pela Igreja, eles como que ouviam a voz segura e tranquilizante do Cristo-Emaús: "Se fizeram isto a Mim, o que não farão a vocês? Se fazem isto aos leigos, mulheres e crianças, que generosamente dão a vida por Mim..."

A vez deles chegaria, sem dúvida! Disso nem duvidavam!

Mas, na força de Jesus-Emaús, saberiam ser Hóstias vivas, alegres, até jubilosas, para a glória do Pai, no Amor do Espírito Santo!

Seriam, sim, *Eucaristia Viva*!

- 24 -

CELEBRANDO A UNIDADE DA IGREJA

Sabemos da História, que o bispo de Roma, sobretudo nas grandes solenidades, como Páscoa e Pentecostes, costumava celebrar, com seu clero e os bispos vizinhos, a UNIDADE DA IGREJA, tão desejada por Cristo Jesus. Portanto, Lourenço deve ter participado uma ou outra vez de tão expressivas cerimônias. Deixemos que um especialista, Frei Alberto Beckhäuser, no-las descreva, no seu livro *Celebrar a Vida Cristã*, ao tratar do rito da fração do pão, um pouco antes da comunhão eucarística, rito que provém da ceia judaica, que Jesus de modo solene repetiu nas emocionantes multiplicações de pães e peixes, na primeira Eucaristia que celebrou no Cenáculo e pelo qual se fez conhecer em Emaús: "A Eucaristia foi sempre considerada como expressão da unidade do Corpo Místico de Cristo. São Paulo diz: 'Uma vez que há um único pão, nós, embora sendo muitos, formamos um só corpo, porque todos nós comungamos de um mesmo pão' (1Cor 10,17). A Igreja romana deu uma expressão visível a este conceito por meio do uso do chamado 'fermento'. Fermento era chamada a partícula que o papa destacava das próprias espécies consagradas em dias festivos e enviava aos bispos das cidades vizinhas de Roma e aos presbíteros das outras igrejas da cidade que, por sua vez, colocavam-na no Cálice do Sacrifício, em sinal de união com o papa e presidência hierárquica dele. Em Roma esse uso foi praticado até o século IX. Quando o 'rito do fermento' caiu em desuso, continuou o costume de o próprio Celebrante colocar no cálice um pedaço da própria hóstia. Esse rito simboliza sobretudo a união e a paz".

Com quanta unção e piedosa convicção o jovem diácono Lourenço percorria as ruas e ruelas de Roma como portador do "fermento" da *Unidade da Igreja*, ainda mais como anjo-mensageiro do Papa Sisto II, que ele aprendera a amar profundamente no mistério do Cristo de Emaús!

A Igreja daquele tempo, como Esposa de Cristo, estava bem mais próxima e vizinha daquelas palavras de Cristo pronunciadas no Cenáculo Eucarístico:"...Pai santo, guarda-os em teu nome — este nome que me deste! — para que sejam *Um como nós*. (...) Como tu me enviaste ao mundo, também eu os enviei ao mundo. E por eles, a mim mesmo me consagro, para que sejam consagrados *Na Verdade*. Não rogo somente por eles, mas pelos que, por meio de sua palavra, crerão em mim: a fim de que todos sejam UM, como tu, Pai, estás em mim e eu em ti... *Para que sejam um... Sejam um...*" (Jo 17).

- 25 -

DIÁCONO — ADMINISTRADOR

Se de um lado faltam-nos dados objetivos sobre a administração da Diocese de Roma na gestão do diácono Lourenço, de outro lado, compondo dados indiretos que temos, podemos ter uma ideia do porte do administrador que as circunstâncias exigiam.

Como já vimos, o clero romano, ao lado do seu bispo, era numeroso, levando em conta sacerdotes, diáconos e até diaconisas do tempo. Até que ponto a manutenção deles e a respectiva formação dependia da diocese? Prédios, alimentação, professores, livros — que no tempo eram copiados à mão. Qual era o modelo evangélico? Jesus não mantinha os apóstolos com milagres, mas mediante a administração da bolsa, que cabia a Judas, e mediante o serviço das santas mulheres, que também comiam, vestiam... E as viagens, a correspondência para todo lado do Império?

A Basílica, "in Lucina", com seus anexos: mantê-la limpa, acolhedora para todos os irmãos e irmãs, com sua "sacristia" sempre bem equipada de paramentos, cálices e outros vasos preciosos ou semipreciosos... E as sedes das sete diaconias?

Para Lourenço, a riqueza maior da Igreja na periferia pobre eram mais ou menos 1.500 irmãos que dependiam substancialmente da Comunidade. Verdade que os demais diáconos ajudavam. Mas

Lourenço tudo faria para conhecê-los pessoalmente, pois neles também se concretizava o mistério da presença do Cristo-Emaús. Igualmente sob esta luz contemplava o Cristo nos doentes, prisioneiros, condenados. E a manutenção dos cemitérios, ampliação constante, adorno, vigilância, cultos?

Quais seriam as fontes de entrada para Lourenço? Formas tantas de contribuições populares, quem sabe espórtulas, formas de dízimo. Doações mais significativas dos ricos, heranças, joias. Altas e constantes contribuições das famílias mais abastadas, mas sobretudo a *Providência do Pai*, que sempre aprontava boas surpresas ao piedoso e confiante diácono, que administrava desapegado, a modo de um pobre de coração!

Uma prova cabal de que a Igreja naquele tempo não era materialmente pobre foi a perseguição arquitetada pelo sinistro ministro Macriano. Ele tinha esperanças concretas de abastecer bem o tesouro do Império com os bens do clero e dos cristãos abastados!

Da parte do Estado, pois, Lourenço teve de enfrentar inflação, saques, destruição...

Por onde se vê que administrar a Igreja de Roma exigia um homem de grande estatura moral, cabeça fria, raciocínio rápido, calmo, de infinita paciência... São Lourenço, revestido da luz da fé, a tudo dava um que de eternidade. Impelido pela esperança cristã, tinha consciência de construir o Reino. Animado pela caridade, era presença viva do Cristo lavando os pés dos irmãos...

- 26 -

LOURENÇO DIÁCONO
E OS CEMITÉRIOS — I

São abundantes os sinais do carinho e da profunda piedade com que os cristãos zelavam pelas sepulturas de seus irmãos falecidos na fé em Cristo, Vencedor da morte, a partir da sepultura do próprio Jesus. Não é sem profunda emoção que o peregrino atento, ao chegar junto à capela *Dominus Flevit*, de onde Cristo teria chorado sobre Jerusalém, vê sepulturas dos primeiros cristãos, com inscrições que refletem uma sólida esperança na vida eterna, que já começa aqui, com o santo Batismo. Numa delas, algo mais ou menos assim: "Aqui, Teófilo acabou de construir o templo de sua vida terrena, no dia tal e tal". Acontece que quando Teófilo foi enterrado, a comunidade tinha bem diante dos olhos o contristador panorama de Jerusalém, recém-destruída pelos romanos, e do magnífico Templo não ficou pedra sobre pedra, até hoje! Os cristãos passaram a compreender que somente fazendo-se pedras vivas da Igreja de Cristo poderiam edificar para a eternidade, como São Pedro ensina tão belamente em sua Primeira Carta.

Já antes da destruição do Templo, Pedro dava a sua vida por Cristo em Roma. Como os romanos também cercassem de respeito os corpos de seus falecidos, permitiam que os cristãos dessem sepultura a seus mortos. Assim Pedro foi sepultado num cemitério de pobres, na colina do Vaticano, em 67. Entre 64 e 67, Paulo, cidadão romano, sofreu morte menos infamante, e os cristãos o sepultaram na via Ostiense. Logo as duas sepulturas, em lugares diferentes, passaram a receber intensa veneração da parte dos cristãos, que já sabiam distinguir com clareza e segurança o culto de adoração, que prestavam somente ao Deus Uno e Trino revelado por Cristo, do culto de veneração, admiração, intercessão, prestado aos santos!

À medida que crescia a devoção a Pedro e Paulo, a comunidade de Roma foi melhorando o local, criando mais espaço, edificando como que capelas, decorando aquelas queridas sepulturas. E o governo da Igreja foi assumindo mais e mais a administração, não somente dessas sepulturas tão amadas, mas também dos verdadeiros cemitérios que foram surgindo, sob a forma comum ou das famosas catacumbas, imensas, sem-fim...

Feito o Primeiro diácono de Roma pelo papa, coube a Lourenço também a complicada, mas piedosíssima, tarefa de administrar os cemitérios dos cristãos na Capital do mundo de então.

- 27 -

LOURENÇO DIÁCONO E OS CEMITÉRIOS — II

A palavra cemitério vem do grego e significa lugar de dormir, dormitório. Normalmente se supõe que quem dorme acorda também. Parece que foram os cristãos que começaram a usar a palavra para designar o lugar do repouso dos corpos dos cristãos até acordarem para a ressurreição da carne.

Os funcionários do governo, no tempo de São Lourenço, chegaram a se admirar da intensa procura da população de Roma de um lugarzinho tranquilo e garantido para aquele sono sem retorno: fosse um canteirinho no chão simples, fosse uma tumba preciosa, fosse mesmo um nicho nas apertadas catacumbas. A Igreja tinha de pensar nos seus filhos pobres, sobretudo nos mártires. É verdade que os ricos acolhiam irmãos falecidos em suas tumbas. Mas isso não satisfazia a demanda, sobretudo em tempo de perseguição. Não era, pois, nada simples para Lourenço negociar com o governo, fazer os devidos registros públicos, contratar profissionais de toda sorte, até artistas, para conferir um mínimo de dignidade aos cemitérios cristãos.

Acontece que em 257 o Imperador proibiu também as reuniões e cultos dos cristãos nos cemitérios. Combinando com esse dado, na Catacumba de São Sebastião foi identificada uma tumba mais solene que traz inúmeros grafites dedicados a Pedro e Paulo, datados como do 3º século. *São mais de 600*, sendo que nas outras sepulturas não ocorre nada de semelhante! Como sabemos, naquele tempo era Papa Sisto II, que tinha o diácono Lourenço como administrador dos cemitérios. Então podemos legitimamente supor que Sisto II, prevendo mais crueldades sobre a Igreja, depois de combinar com Lourenço e os seus outros diáconos, ordenou que os restos de Pedro fossem transportados do Vaticano para lugar ainda não identificado pelas autoridades, "ad catacumbas", e que o mesmo se fizesse com os restos de Paulo, na via Ostiense. Lourenço teria providenciado tudo meticulosamente e dificilmente teria cedido a um terceiro a honra e a responsabilidade de conduzir os restos sagrados dos Santos Apóstolos, fundadores da Igreja de Cristo em Roma. Assim teria nascido a *Memória dos Santos Apóstolos na via Ápia*, exatamente aos 29 de junho de 258. Daí por diante, essa devoção dos dois juntos teria tido um grande impulso.

Uns dias depois, aconteceria o duro martírio do papa e seu magnífico diácono!...

- 28 -

LOURENÇO DIÁCONO E OS CEMITÉRIOS — III

"Interessantíssimas as catacumbas de São Calixto, onde se encontram os sepulcros dos papas do século III e alguns mártires; interessantes também as de Preteslato, onde foram enterrados e apareceram os sepulcros e as inscrições dos companheiros de São Lourenço, os diáconos Felicíssimo e Agapito; e as de Priscila, lugar do sepultamento de Crescêncio, Roman e Ciríaca...

Já no século III, segundo o *Liber Pontificalis*, contavam-se em Roma 25 catacumbas ou cemitérios. Nos primeiros séculos da Idade Média, muitos corpos de mártires foram levados a igrejas do interior e da cidade, para protegê-los da profanação e rapina, causadas pelas invasões dos povos bárbaros. As catacumbas foram fechando-se e perdendo-se da memória até que caíram no total esquecimento no século IX. Felizmente, algumas foram redescobertas no século passado e estudadas por De Rossi. Assim, foram descobertos testemunhos importantíssimos para melhor conhecer a Igreja daqueles primeiros séculos. De modo especial muito contribuíram para melhor documentar a vida de São Lourenço.

Não estão descobertas todas as catacumbas e mesmo as descobertas continuam a guardar muitos de seus segredos. Atualmente, são vários quilômetros de galerias subterrâneas, com milhares e milhares de sepulcros e inscrições. Somente a de Santa Inês soma 1.600 m de corredores e contém mais de 5.700 tumbas! A catacumba de Gordiano foi descoberta em 1956; a de Calepódio em 1960... O estudo das catacumbas a cada dia que passa traz nova luz.

Muitas dessas catacumbas são antiquíssimas e teriam sido visitadas por São Lourenço. Como primeiro Diácono da Igreja romana, era o responsável por esses cemitérios e pelas pessoas que deles cuidavam e os administravam.

Ante as catacumbas romanas não só podemos acompanhar São Lourenço com o pensamento e assim fazer boa meditação, mas também encontramos nelas o apoio científico para o estudo da Igreja no tempo de São Lourenço e para a verificação da paixão lourenciana (DPP).

Completaríamos: A luz do Cristo-Emaús!

- 29 -

O MARTÍRIO DE SISTO II

As transferências das relíquias dos Apóstolos Pedro e Paulo para as catacumbas, na época, sem identificação e posteriormente batizadas de São Sebastião, não deixariam de chamar a atenção das autoridades, sempre vigilantes. A diminuição simultânea de visitantes cristãos, seja na via ostiense, seja sobretudo no cemitério do Vaticano, sem dúvida levou os executores do severo decreto imperial a colocar olheiros por toda a cidade e sobretudo na periferia. Além disso as Autoridades bem sabiam onde morava o papa, com Lourenço e outros imediatos auxiliares: "in Lucina".

Não seria forçar as coisas admitir que no auge desta crise, e diante do rigor da lei imperial que ordenava simplesmente matar o pessoal do clero, tenha saído ordem de prisão contra Sisto e os seus, sobretudo Lourenço, o administrador.

Sem querer fugir, sem se acovardar, às pressas, o papa reuniu o pessoal do clero que ele pôde encontrar na catacumba de São Calixto. Quem lá estava ao lado do bispo de Roma bem sabia da sorte que os esperava. Um espírito os dominava: o espírito do Cristo-Emaús, glorioso, ressuscitado, mas chagado também! O papa não conseguira avisar o seu querido Primeiro Diácono... Entregando tudo ao Pai de Nosso Senhor Jesus Cristo, imitando o Cristo, que, horas antes de morrer, celebrou a Eucaristia, o Sumo Pontífice iniciou a Missa, admoestando a todos a se entregarem confiantes como Hóstias Vivas por Cristo e sua Igreja. Mais solene que nunca, foi presidindo a Mesa da Palavra. Quando estava no sermão, deu-se a invasão do local pelos soldados que logo o imobilizaram. Ao mesmo tempo, corajosamente, irrompia Lourenço no sagrado recinto, para espanto geral. Ninguém o segura e já ao lado de Sisto, ele reclama: "Ó pai, onde vais sem o teu filho? Tu que jamais ofereceste o sacrifício sem a assistência do teu diácono, vais agora sozinho para o martírio?" O papa lhe responde seguro: "Mais uns dias e colherás coroa ainda mais bonita!" E lhe recomendou cuidado com os pobres e os vasos sagrados. E ali mesmo teve a cabeça cortada por seco golpe de espada. Lá foi sepultado. E no mesmo dia teriam dado sua vida os gloriosos diáconos de Roma: Januário, Vicente, Magno, Estêvão, Felicíssimo e Agapito. Sisto passou a ser um dos santos mais queridos. Seu nome foi inscrito no famoso *Cânon Romano*.

É claro que os agentes do Imperador, eufóricos, prenderam também Lourenço. E se não o mataram, é porque sabiam ter nas mãos o homem-chave para meter as mãos nos famosos tesouros da Igreja!

- 30 -

A AÇÃO DE
LOURENÇO PRISIONEIRO

Assim como de um só golpe as forças imperiais decapitaram o Papa Sisto II, assim também, eliminando seus sete diáconos, menos o prisioneiro Lourenço, em poucas horas deixaram a Igreja de Roma sem cabeça e sem membros vitais. Grande lamento de dor e desesperança se elevou da Cidade Eterna! Em cada diaconia as feridas sangravam... Sem seus pastores e guias, os inúmeros fiéis amargavam a dura perspectiva de ficarem sem alimento material e espiritual. A dor de perderem mais que amigos, verdadeiros pais em Cristo, atingia o pobre, o rico, as virgens, as viúvas, o clero, os catecúmenos. Os ricos e influentes, humanamente indignados, sentiam-se, porém, sem ação, porque eles também eram visados pela diabólica perseguição.

Uma vez aprisionado, Lourenço, que tanto desejava dar a vida por Cristo e pela Igreja junto com seu papa e os colegas de diaconato, logo teve visão lúcida do motivo de o pouparem: somente com ele vivo poderiam contar com a possibilidade de meter a mão no tão cobiçado tesouro da Igreja. Em diálogo franco com as autoridades, conseguiu três dias de liberdade vigiada para negociar com as comunidades da Igreja a entrega das riquezas.

Uma vez livre, sem considerar cansaço, fome, tempo, hora, começou imediatamente a colocar seu plano em ação. Muito seguro, começou a visitar as comunidades e algumas famílias especiais. Com o beijo da paz, todos o receberam com contido júbilo. Somente sua presença jovial, gentil, transmitindo divinal firmeza, era para todos um bálsamo confortante. Sabendo-se vigiado, enquanto transmitia sua mensagem aos irmãos, dava secretas missões a um e outro, no sentido de providenciar recursos para a comunidade, enquanto não fosse eleito outro bispo de Roma, visando ao atendimento a doentes e prisioneiros; providenciando maior segurança aos objetos de culto, em geral já bem escondidos naquele tempo de perseguição: não deviam ser profanados!

Sabendo que os pobres, doentes, aleijados não corriam perigo, uma vez que a perseguição imperial não visava à fé cristã, mas somente às riquezas de alguns deles, Lourenço lhes pedia com todo empenho de sua liderança que, no dia 10 de agosto, em determinada hora, comparecessem na Basílica "in Lucina"...

Tudo isso em termos de possibilidades, mas sobre dados seguramente conhecidos.

- 31 -

O GLORIOSO "NATAL" DE SÃO LOURENÇO

O dia 10 de agosto correspondia exatamente ao terceiro dia de liberdade vigiada combinada com o Prefeito de Roma. Assim como o mistério dos três dias em que o corpo de Cristo passou no sepulcro, explodiu na ressurreição da carne personalizada do Cristo-Emaús; assim como a semente lançada a terra, em pouco tempo, superando um aparente processo de apodrecimento, explode numa vida nova, muito superior à vida da semente, assim também os três dias de Lourenço prisioneiro iriam gerar uma Igreja mais livre e gloriosa.

Quando Lourenço, obediente, apresentou-se ao Prefeito ao terceiro dia e o convidou a um encontro com ele na Basílica, "in Lucina", o executor da perseguição de Valeriano começou a cantar vitória por antecipação. Claro que não iria sozinho.

Queria mostrar seus bons serviços a Valeriano e convidou até Senadores. Alguns de fato estariam presentes, não só como corresponsáveis pelas coisas do Império, mas também porque já alimentavam suas simpatias pela Igreja e a coragem de seus mártires.

Chegando "in Lucina", as Autoridades encontraram a Basílica e arredores repletos de pobres, aleijados, cegos, mutilados. O Prefeito, sentindo-se tremendamente ridicularizado diante dos membros de sua comitiva e ludibriado por Lourenço, irritadíssimo, teve um primeiro diálogo ameaçador com o Diácono. Todavia, político, logo se conteve, pois dar morte imediata ao prisioneiro seria complicar ainda mais o acesso ao tão sonhado tesouro.

Maneirando-se, ele perguntou onde estavam as riquezas da Igreja, ambicionadas, sobretudo, pelo Imperador. Com gesto elegante, respeitoso, Lourenço apontou para seus irmãos pobres e declarou: "Senhor Prefeito, eis o tesouro da Igreja!" Por pouco o santo diácono não perdeu a cabeça na hora! O Prefeito bem sabia do carinho dos cristãos para com os pobres, mas jamais se interessara em saber a razão disso. Enfurecido, ameaçou de novo com mil formas de tortura. Mas ele tinha de escolher um processo lento, para prolongar ao máximo a possibilidade de ter nas mãos a chave do tesouro. Mandou, então, que trouxessem uma grelha de ferro e ordenou fogo lento, suave. Mansamente, quase que glorioso, Lourenço deixou-se amarrar. Em vão o xingavam os carrascos e o interpelava ansioso o Prefeito. Em dado momento, como que voltando a si, jovialmente falou: "Agora, virem-me do outro lado, pois este está bem assado para ser comido!"... E perdoando, orando por Roma, deixou a vida presente e nasceu para a vida eterna!

Por isso, 10 de agosto passou a ser "o dia do natal" de Lourenço para a glória!

- 32 -

SEPULTAMENTO DE LOURENÇO

Talvez pela primeira vez se faz uma tentativa de localizar o suplício de São Lourenço na Basílica "in Lucina", no mesmo ambiente em que o Arcediago e seu Pontífice costumavam celebrar a Eucaristia. Dando a vida por Cristo, eles "memorizavam" concretamente, realisticamente, em atos plenamente humanos, mas também gratuitamente divinos o significado profundo do mistério eucarístico!

Do ambiente ficticiamente criado, poderia resultar um sepultamento glorioso, patético mesmo, com tantos pobres e aleijados, misturados senadores e patrícios fascinados pelo testemunho de Lourenço e do Povo de Deus. E não faltam descrições mais ou menos nesses moldes.

Mais modestamente, Policrônio (+ ou – 500) assim descreve o sepultamento do Mártir: "As autoridades se retiraram... deixando o corpo sobre a grelha. Ao amanhecer, Hipólito (o carcereiro convertido por Lourenço) recolheu o cadáver, envolveu-o como pôde e o aromatizou. Depois foi colocar o presbítero Justino a par da situação e os dois juntos, muito tristes e até chorando, levaram o corpo do bem-aventurado Lourenço a um prédio que a matrona Ciríaca possuía na Via Tiburtina, onde o esconderam durante o dia, tão maltratado estava. Chegada a noite, enterraram-no em uma cripta da mesma Via, no Campo Verano, acompanhados de grande multidão de cristãos, no dia 10 de agosto. O presbítero Justino celebrou um sacrifício de Louvor, do qual todos participaram" (DPP).

O documento mais antigo que temos é arrasadoramente lacônico! *"Na Depositio Martyrum do Calendário Filocaliano* (do ano de 354!) se diz textualmente sobre São Lourenço: IIII IDUS AUGUSTI LAURENTII IN TIBURTINA, que literalmente transcrito seria: O 10 DE AGOSTO NA TIBURTINA, ou seja, aos 10 de agosto Lourenço padeceu martírio na Via Tiburtina, em Roma, e aos 10 de agosto a Igreja celebra o aniversário natalício (natalis) para o céu de São Lourenço" (DPP). Trata-se de um texto realmente lacônico e simples, mas é o mais firme e seguro que conservamos sobre o martírio de São Lourenço. Não combina em nada com a morte "in Lucina". Aos historiadores o problema. O que importa mesmo é que ele de fato deu sua vida aos 10 de agosto e desde então a Igreja celebra seu nascimento para a vida eterna também na mesma data!

- 33 -

HOJE...

Hoje, mais de 1.700 anos depois do sepultamento de Lourenço, se você chegar a Roma e perguntar o que a Cidade Eterna conserva do Santo Diácono, qualquer cristão bem informado logo apontará para a Basílica de São Lourenço fora dos muros, uma das cinco Basílicas Patriarcais de que se orgulha a Capital do Mundo Cristão. O templo tem altar privilegiado, reservado às celebrações do papa, como que perpetuando para o piedoso Arcediago de Sisto II a honra altíssima de concelebrar com os papas de todas as gerações futuras...

Qual a origem dessa famosíssima Basílica? De fato, logo depois do sepultamento de Lourenço, mártir, a movimentação de devotos em torno da sepultura dele foi num crescendo contínuo, chegando a superar a devoção do povo a São Pedro e São Paulo, padroeiros de Roma. Os pobres à frente, os perseguidos, os doentes, os familiares dos prisioneiros e pouco a pouco toda classe de pessoas vinha encontrar naquele santo lugar um conforto, um exemplo de cristão, um atencioso medianeiro junto ao Senhor; ele que fizera da vida um serviço constante no espírito de Jesus-Emaús.

Não foi, pois, pequena a contribuição de São Lourenço para o crescimento da Igreja, "em idade, tamanho, sabedoria e graça" na cosmopolita

Capital do Império. Cantores das glórias do Santo Mártir o colocam como vencedor do paganismo e pioneiro da conquista da liberdade adquirida pela Igreja alguns anos depois, sob o Imperador Constantino, o Grande († 337). Uma vez no Governo, Constantino mandou construir uma Basílica ao lado do túmulo de São Lourenço. Posteriormente, o Templo foi ampliado e embelezado, mas, em vista de constantes infiltrações de água, o Papa Pelágio II († 590) mandou edificar uma outra, ao lado da antiga, hoje chamada Basílica Pelagiana. Mas como crescia o movimento, o Papa Honório III († 1227) mandou ampliar o Templo, de modo que a Basílica Pelagiana se tornou o presbitério da majestosa Basílica de São Lourenço fora dos muros. Os mais idosos se lembram das fotos do Papa Pio XII, orando sobre as ruínas dessa Basílica, confortando os atingidos por um bombardeio aéreo no dia 19 de julho de 1943!

As obras de restauração foram também ocasião bem aproveitada pelos arqueólogos que assim descobriram segredos do glorioso passado do túmulo de São Lourenço. Ele é dos poucos Santos cujo corpo jamais foi afastado de sua sepultura. Hoje a Basílica se apresenta belíssima, acolhendo os devotos do mundo inteiro.

- 34 -

O HOJE DE SÃO LOURENÇO NA ITÁLIA

Somente em Roma, os templos dedicados a São Lourenço são nove, entre eles cinco Basílicas de grande porte. Cada um deles pretende recordar algo da vida e da atividade do Santo. Assim:

— SÃO LOURENÇO FORA DOS MUROS (EXTRAMUROS) ou IN CAMPO VERANO, que conserva, bem protegido por grossa grade de ferro, o corpo do Mártir e a lousa onde ele foi depositado.

— SÃO LOURENÇO IN DÂMASO, que o Papa Dâmaso († 384), espanhol, mandou erguer no lugar onde fora o Arquivo da Igreja de Roma, para lembrar o Santo como Primeiro Diácono e chanceler da Igreja.

— SÃO LOURENÇO IN PANISPERNA (panis = pão; perna = toucinho), recordando o serviço de Lourenço aos pobres.

— SÃO LOURENÇO IN LUCINA, já bem conhecida do leitor.

Basílica de São Lourenço fora dos muros

— SÃO LOURENÇO AD MONTES, o lugar onde teria morado.

— SÃO LOURENÇO IN MIRANDA, antigo templo pagão transformado em cristão no século VI, lembrando, quem sabe, a vitória mística de Lourenço sobre o mundo pagão.

— SÃO LOURENÇO IN PONTE, onde teria sido encarcerado.

— SÃO LOURENÇO IN PICIBUS, mais perto de São Pedro do Vaticano.

— SÃO LOURENÇO IN PALATIO ou DA ESCADA SANTA, que por bom tempo guardou a relíquia da cabeça de São Lourenço, hoje conservada no Vaticano.

No relicário figuram o casal dos santos Orêncio e Paciência, pais do Santo Diácono.

Na diocese de Roma, o número de templos lourencianos que já existiram é discutido entre os estudiosos, variando de 30 a 56!

Quanto à Itália como um todo, declara a Enciclopédia *Catholica* (Florença, 1951): "É inútil continuar enumerando as igrejas erguidas em honra do mártir, porque do século V em diante, principalmente na Idade Média, não havia diocese ou cidade que não contasse mais de uma. Somente na diocese de Milão foram computadas 43".

Destacando: Gênova ostenta sua magnífica Basílica-Catedral do século XIII, dedicada a São Lourenço; Florença se gloria de guardar um dos templos mais importantes dedicados ao Santo Mártir, uma Basílica dos séculos XV-XVI; substituindo antiga igreja do século IV, surgiu outra, de Miguel Ângelo, que se tornou a célebre igreja paroquial dos Médicis, com um busto do Santo de Donatello; Milão, com sua famosa Basílica do tempo de Santo Ambrósio... e por aí.

Os nomes de lugares, rios, ruas (topônimos) chegam a 50!

Tão grande glória entre os homens pecadores, somente por divinas artes!...

- 35 -

O HOJE DE SÃO LOURENÇO
NA ESPANHA

Na atualidade, somente a Espanha compete com a Itália em número de templos dedicados a São Lourenço e somente Huesca, como cidade, compete com Roma.

No cômputo global, são 345 os templos dedicados ao Santo Diácono Mártir, distribuídos por todas as Regiões; eis os números que encabeçam a lista: Galícia 75; Castilla-Léon 72; Cataluña 40; País Basco ou Euskadi 34; Aragón 33. Nesses números não se incluem igrejas destruídas ou desaparecidas.

"Pela sua relevância posterior na História da nossa Pátria, cabe destacar o Mosteiro de São Lourenço do Escorial, construído por Felipe II, no século XVI, para comemorar a vitória sobre os franceses em San Quintin aos 10 de agosto de 1557, festividade de São Lourenço Mártir" (DPP).

De cidade para cidade, somente Huesca pode concorrer com Roma quanto à antiguidade dos monumentos de toda sorte e uma longa tradição devocional ainda bem viva.

Segundo a lenda oscense, o próprio Sisto, antes de partir para Roma com Lourenço, ou colocara a primeira pedra de um templo dedicado ao futuro Mártir ou lhe dedicara um oratório em Loreto. Por mais que essa tradição venha ilustrada pelas artes que ornamentam as igrejas oscenses, não passam de lenda. Mas o que Huesca realmente ostenta?

A igreja de São Lourenço ostenta os seguintes títulos: *Paroquial*, pois foi sempre Paróquia; *Colegial*, pelo Capítulo dos beneficiados; *Real*, por causa dos benefícios de vários reis, entre eles Jaime II, Fernando, o Católico; *Agregada a S. João do Latrão* (Catedral de Roma), por concessão temporal da Santa Sé, nos tempos de Jaime II, e *in perpetuum*, a partir de 1698; e *Basílica*, concedido por Leão XIII em 1884. Escavações, procedidas pelos anos de 1585-94, encontraram vestígios de um templo antiquíssimo, provavelmente destruído pelos mouros, que, como sabemos, dominaram a cidade até 1096.

Quanto a São Lourenço de Loreto, uns quatro quilômetros fora de Huesca, é historicamente seguro que já existia em 1102. Vários historiadores sustentam que o templo existia durante a dominação árabe e era visitado por cristãos que viviam entre os muçulmanos (Moçárabes). Por estas e outras, pode-se afirmar que a devoção a São Lourenço em Huesca vinha de longe, de bem antes da dominação muçulmana. Loreto também teve seus calvários e suas glórias.

- 36 -

O HOJE DE SÃO LOURENÇO EM OUTROS PAÍSES

Entre os outros países europeus, a França se destaca como o país onde a devoção lourenciana está mais profundamente enraizada.

São Gregório de Tours († 594) na sua *História dos Francos* afirma que já no seu tempo havia na França seis templos dedicados a São Lourenço. Os assim chamados *Caminhos de Santiago*, por onde passavam ondas de peregrinos rumo ao célebre Santuário Espanhol, estavam semeados de centros de irradiação da devoção ao Santo Diácono, venerado como campeão da fé cristã e modelo dos cristãos e peregrinos. Assim Paris, Vazelay, Le Puy-en-Velay e Arlés, todas com seus templos lourencianos. Inúmeras outras cidades francesas se orgulham de suas igrejas, seus mosteiros, dedicados ao Santo. São Lourenço é nome de várias cidades, enquanto outras celebram até hoje importantes festas em sua honra. São 99 as cidades e os povoados com o nome lourenciano.

São várias as cidades alemãs que têm templos dedicados ao Santo ou que veneram São Lourenço como Patrono. Destaque: o Mosteiro de Uvarth, perto de Colônia, do século VIII, e de Bamberg, perto de Nurenberg, do século XII.

Na Bélgica, destaque a São Lourenço de Liège, que na Idade Média mais irradiou a devoção lourenciana na Região.

Holanda, com dois importantes templos góticos, um em Roterdã, outro em Alkamaar. Assim a Suíça, com três templos; a Áustria, com a Catedral de Lorc; a Irlanda, com o Santuário de Demblane; a Suécia, com o Mosteiro de Malmohus; a Checoslováquia, com dois; a Iugoslávia, com três; a Hungria, com um; a Polônia, com um; Portugal, com importante Paróquia no Porto; a Grécia, com o Mosteiro do Monte Pelión; Malta, com um e Turquia, com sua gloriosa igreja de São Lourenço de Constantinopla desde os tempos da Imperatriz Pulquéria († 453).

Com a Descoberta das Américas, os missionários europeus levaram São Lourenço para as novas terras. Infelizmente não dispomos de estatísticas. A América Latina de língua espanhola está toda impregnada de devoção lourenciana. Lá dentro da selva amazônica do Equador, Mons. J. F. Pintado, filho da Paróquia de São Lourenço de Huesca e bispo de Méndez, por volta de 1970, erigiu uma capela de madeira dedicada a São Lourenço, na localidade de Taisha, entre os legendários jíbaros (DPP).

Assim, aos 500 anos das Descobertas, é de todo natural que o modelo evangelizador de São Lourenço seja também colocado a serviço da nova evangelização desejada pela Igreja da América Latina, com as bênçãos do papa.

- 37 -

O HOJE DE SÃO LOURENÇO NO BRASIL

O *Guia Postal Brasileiro*, edição 92, traz oito localidades com o nome do santo Diácono-Mártir, distribuídas em vários Estados da Federação, duas em São Paulo. Seguramente tais dados não revelam a realidade de quanto São Lourenço é conhecido ao menos confusamente, no Brasil, como o santo da grelha e invocado em várias circunstâncias. Basta lembrar que o nome de Lourenço, sozinho ou composto, é muito comum por estes brasis afora.

A São Lourenço mineira como que catalisa a enorme presença do santo na alma do povo. A sua origem remonta a 1890. Do então *Sítio dos Vianas*, saiu para mais uma de suas famosas caçadas o Sr. Antônio Francisco Viana. Mas a grande novidade do dia foi a descoberta, entre uma colina e o pântano, de várias fontes de águas cristalinas, com sabores diversos, pouco comuns. A notícia correu célere e pouco demorou para descobrirem também propriedades terapêuticas naquelas águas. Atento, o Comendador Bernardo da Veiga, morando em Campanha-MG, logo providenciou pesquisas e análises sobre as possibilidades de exploração industrial daquele generoso dom da natureza. As respostas que recebeu foram altamente positivas! Logo ele se uniu aos irmãos doutores Saturnino e Ângelo, compraram as terras em torno das fontes e, homenageando o pai, o tenente-coronel Lourenço Xavier da Veiga, fundaram a *Companhia de Águas Minerais de São Lourenço*.

Bons católicos, de boa cepa portuguesa, os Veigas logo pensaram em celebrar São Lourenço. Também agiram rápido: já no ano seguinte, aos 10 de agosto de 1891, festa do santo, providenciaram solene Missa no ponto mais alto da colina, junto às fontes. Foi celebrante o Cônego Antônio Gomes de Faria Nogueira, na época Vigário da vizinha Carmo do Rio Verde. Tal celebração eucarística foi também o ponto de partida de construção da Capela de São Lourenço, que até hoje lá se encontra, mais conhecida como Ermida, ampliada, decorada, como Patrimônio Municipal, presidindo também as celebrações cívicas de uma cidade dinâmica, que não para de crescer, em torno de suas preciosas águas!

Alguém já fez a eloquente aproximação: assim como Roma do Santo Diácono envolve sete colinas em seu território e é cortada pelo rio Tibre, assim também a feliz cidade mineira de São Lourenço foi plantada entre sete colinas e é cortada pelas águas do seu querido rio Verde.

Lá da glória, o Santo Mártir sorri, todo bem-aventurado!

- 38 -

OS SANTOS NO "SEMPRE" DE CRISTO, SENHOR

Em consonância com os três tempos da reflexão dos Bispos da América Latina, em união com o papa, ocorrida em outubro de 1992, estamos procurando inserir São Lourenço nesse aspecto histórico-dinâmico do mistério de Cristo, que é também o lado divino do mistério da própria Igreja. Lembremo-nos, pois, do que nos revela a *Carta aos Hebreus*, 13,8: *"Jesus Cristo é o mesmo, ontem e hoje; ele o será para a eternidade"*. Para sempre...

Poderíamos interrogar: como é que os santos e as santas conseguem participar do *Sempre* de Cristo? O próprio Jesus nos responde, quando, ao prestar contas ao Pai da sua missão no mundo, perante a Igreja que conseguira fundar com aqueles que o haviam recebido, suplica: "Pai, chegou a HORA: glorifica teu Filho, para que teu Filho te glorifique e pelo poder que lhe deste sobre toda carne (homem; criação), Ele dê a *vida eterna* a todos os que lhe deste: Ora, a vida eterna é esta: que eles te conheçam, a ti, Deus único e verdadeiro e aquele que enviaste, Jesus Cristo!" (Jo 17).

Ora, crer em Jesus Cristo (recebê-lo) como enviado do Pai só é possível na luz, na graça, no amor do Espírito Santo. Portanto, toda a Trindade Santíssima está sempre em ação na obra reconciliadora de Cristo, para que os homens de boa vontade, uma vez reconciliados com o Pai no sangue da Cruz, participem da *vida eterna* no Amor do Espírito Santo, já neste mundo, como filhos e herdeiros!

Eis a razão profunda da alegria de Jesus ao acolher os discípulos na volta da Missão, uma vez que a Palavra de Jesus começava a cumprir-se e muitos a acolhiam: "Naquele momento Ele exultou de alegria no Espírito Santo e disse: 'Eu te louvo, ó Pai, Senhor do céu e da terra, porque ocultaste estas coisas aos sábios e entendidos e as revelaste aos pequeninos. Tudo me foi entregue por meu Pai e ninguém conhece quem é o Pai senão o Filho e aquele a quem o Filho o quiser revelar'" (Lc 10,21).

Quem tem ouvidos, que ouça! Entendimento, que o entenda!

Os santos e as santas ouviram, entenderam o Senhor Jesus, sobretudo por meio da pregação da Igreja. E o seguiram e dele deram testemunho, às vezes até a morte, como São Lourenço!

Nos santos, Jesus prolonga na História o seu SEMPRE entre os homens!

- 39 -
O "SEMPRE" DE CRISTO
A PARTIR DAS BASÍLICAS

Já temos uma noção do que seja uma Basílica. Autores ensinam que, embora o nome seja de origem grega, a concepção de uma Casa grandiosa, onde o Imperador dispensava seus favores aos súditos, ter-se-ia desenvolvido na Pérsia. Para o cristão católico, o que importa, porém, é que Cristo, Senhor, aquele de Emaús, é o Rei dos reis e, mediante o serviço de sua Igreja, fala todas as línguas e bate à porta de todos os corações. Sendo a Basílica cristã lugar por excelência da liturgia católica, nem por isso o mesmo serviço deixa de ser prestado também nas mais humildes capelinhas... Assim São Lourenço, Diácono do papa nas grandes liturgias na magnífica Basílica "in Lucina", exercia o mesmo ministério nas apertadas salas do culto das catacumbas, bem como nas paupérrimas casas da periferia de Roma.

Importa, pois, ter mais clareza sobre a liturgia católica. O Concílio Vaticano II nos ensina que a Liturgia é a *Fonte e o Cume da Vida de Cristo* entre os homens, ou seja, a forma mais importante dos muitos modos da presença de Cristo entre nós, do *"Sempre"* de Cristo na História.

É *Fonte*, porque, mediante o serviço litúrgico de ministros que Ele mesmo escolhe, é *o Cristo Glo-*

rioso, que, batizando, comunica (põe em comum) a *Sua* Vida aos fiéis; é *o Cristo Glorioso,* que, mediante os sinais visíveis do alimento eucarístico, nutre e educa a *Vida* que nos deu; é *o Cristo Glorioso,* que, pelo sinal do Santo Crisma, confere-nos maioridade na *Vida* cristã; é *o Cristo Glorioso,* que, mediante a confissão de nossos pecados, reconcilia-nos com o Pai, no amor do Espírito Santo, e restaura a sua Vida em nós; é *o Cristo Glorioso,* que, mediante o "sim" sacramental de um casal que se ama, consagra aquele amor ao serviço do Reino; é o *Cristo Glorioso,* que, mediante a imposição sacramental das mãos dos legítimos sacerdotes, ordena os escolhidos por Ele para os ministérios do diaconato, do sacerdócio e do episcopado, aos quais confiou também o governo de sua Igreja.

É *Cume* também, porque é *o Cristo Glorioso,* que, pela unção do óleo santo dos enfermos, prolonga a presença de Cristo entre os doentes, confortando-os, curando-os, ungindo-os para a *Vida Eterna!*

E mais: quando o Povo de Deus se reúne para solenes liturgias, sobretudo a eucarística, a liturgia terrestre e a celeste formam uma só ação litúrgica, perante o mesmo Trono de Deus, cantando o mesmo cântico: *Santo, Santo, Santo* — o cântico da Comunhão dos Santos!

- 40 -
SÃO LOURENÇO
NO "SEMPRE" DE CRISTO

No capítulo 15 do Evangelho de São João, encontramos uma das mais plásticas, reais e dinâmicas imagens da Igreja que Jesus nos deixou: Ele é a videira (pé de uva) que o Pai celeste plantou e que cultiva atentamente, ansioso por frutos bons e abundantes.

Pelo batismo, somos enxertados na videira que é Cristo e passamos a viver a *Vida* de Cristo, para a glória do Pai. O Espírito Santo é que vivifica a videira. Bom vinicultor, o Pai poda no tempo certo a videira, para que ela dê mais e melhores frutos. Ramos preguiçosos, sem frutos, são podados e lançados ao fogo! Os que dão bons frutos, porém, serão a alegria, a honra e a glória do Pai, no amor do Espírito Santo. Mas avisa também: assim como o mundo o odiou até a Cruz, assim também odiará os seus discípulos. Se perseverarem até a morte, maior glória terão!

Eis como a liturgia da Igreja honra São Lourenço. (Os textos da Missa se encontram à página 111). Na *Antífona da Entrada, o Santo* é saudado como alguém que consagrou sua vida à Igreja, até o martírio e, por isso, teve a alegria de subir para junto do Senhor Jesus. Feito o *Ato Penitencial,* perante a Comunhão dos Santos, invocado o perdão para os presentes, a Igreja pede ao Pai, em nome de Jesus, no Amor do Espírito Santo, que o luminoso testemunho de São Lourenço nos leve a "amar o que ele amou e praticar o que ensinou", sobretudo, pelo exemplo. O texto da *Primeira Leitura*, do Novo Testamento, recorda-nos como a Palavra de Deus se cumpre em São Lourenço: Deus não se deixa vencer em generosidade. Ele nos retribuirá além de todo cálculo humano, sobretudo quando "distribuímos aos pobres". E a semente que o santo lança no chão da Igreja e do mundo se multiplicará para além do imaginável. O *Salmo de Meditação* reflete na mesma doutrina, mediante três selecionadas estrofes do Salmo 111, proclamando, no refrão: "O Senhor ama quem dá com alegria!" Entre os aleluias de júbilo anunciando a Palavra do próprio Cristo Ressuscitado no Evangelho: "Se o grão de trigo que cai na terra não morrer, permanecerá só; mas, se morrer, produzirá muito fruto!" No *Evangelho*, o próprio Cristo atesta esse mistério e promete: "Se alguém me serve, meu Pai o honrará!" Logo depois de sua morte, São Lourenço foi honrado com a glória da sua sepultura, da Basílica, da inserção do seu nome no chamado Cânon Romano, dos mais antigos, o único durante séculos na Igreja Romana...

Assim podemos entender que a devoção a São Lourenço só tem autêntica grandeza quando inserida no *"Sempre"* de Cristo Senhor!

A DEVOÇÃO POPULAR NO "SEMPRE" DE CRISTO — I

Uma das formas mais divulgadas da devoção popular comunitária entre os católicos é a Ladainha, que deve ter sempre aprovação de Roma ou de um bispo local. Assim temos a de Todos os Santos, a do Coração de Jesus, a de Nossa Senhora, a de São José, entre as mais conhecidas. Nessa linha a devoção popular criou mais de uma ladainha de São Lourenço.

Segundo as boas normas da Igreja para a devoção popular, ela deve inspirar-se na liturgia e ao mesmo tempo oferecer espaço para a criatividade do Povo de Deus.

Em que a ladainha se prende à liturgia? (Ver ladainha à página 116.) Como todos os atos litúrgicos, ela apresenta uma abertura ricamente trinitária, em nome do Senhor Pai, de Cristo nosso Irmão e do Senhor Espírito Santo. Perante o trono do Deus Uno e Trino, Altíssimo e Santíssimo, ao povo, consciente de sua condição de pecador, só cabe uma atitude: *Tende piedade de nós!* Exatamente como nas aberturas das celebrações eucarísticas. Segue um apelo a Cristo Irmão, Mediador Único junto de Deus: ouvi-nos, escutai-nos! E como que recobrando a confiança, suplica de novo ao Pai Criador, ao Filho Redentor, ao Espírito Santo Santificador. E enfim a referência clara ao Deus Uno e Trino: Santíssima Trindade, que sois UM SÓ Deus, *tende piedade de nós!*

Na doutrina e na piedade católica, Maria, Mãe de Jesus, é honrada como corredentora e medianeira de todas as graças, sempre como a Mãe do Redentor, a da Cruz, a de Caná. Por isso, ela aparece também na Ladainha de São Lourenço, como traço de união entre o Deus Uno e Trino e o Povo de Deus, agindo como Mãe da Igreja: *Rainha dos Mártires, rogai por nós!*

Outro dado próprio da oração litúrgica e que ocorre também na devoção popular comunitária: a oração é sempre no plural, Nós! E a razão do plural é a seguinte: são orações não do indivíduo, de um sujeito isolado, mas orações da Igreja, que é Comunhão dos Santos, Assembleia dos batizados, Esposa de Cristo, Povo de Deus!

Jesus não nos quer isolados, prefere abertamente o *Nós*: "Onde dois ou três estão reunidos no meu nome, ali estou Eu no meio deles!" (Mt 18,20).

Eis mais um modo de entrar no "*Sempre*" do Cristo Senhor!

- 42 -
A DEVOÇÃO POPULAR NO "SEMPRE" DE CRISTO — II

A abertura da ladainha, à moda da liturgia, coloca o Povo de Deus perante o Deus Uno e Trino, numa atitude penitencial confiante e, por Cristo e Maria, Mãe da Igreja, insere os fiéis na Comunhão dos Santos, os do céu e os da terra!

É nesse grandioso cenário que São Lourenço passa a ser honrado com invocações que o povo vai criando, com base no testemunho histórico do santo, na sua pregação, no seu modo particular de exercer, do céu, o seu patrocínio sobre os fiéis devotos na terra.

Se colocarmos lado a lado a Ladainha de São Lourenço, publicada por DPP, e a de São Lourenço de Minas Gerais-Brasil e nos dermos ao trabalho de compará-las, levando em conta que foram compostas em lugares e épocas bem diferentes, sem conhecimento da outra, logo chegamos à conclusão de que elas, tendo quase o mesmo número de invocações, saúdam o mesmíssimo herói da fé, inconfundível com qualquer outro: São Lourenço, Diácono de Roma e Mártir.

E mais: as duas revelam Lourenço no seguimento do Cristo do Evangelho, filho obedientíssimo da Igreja, dando-se generosa e alegremente a

Cristo e aos irmãos, até a morte violenta, debaixo da crueldade do Império Romano. Como disse Jesus: "Ninguém tem maior amor que aquele que dá a vida pelos amigos" (Jo 15,13). E ainda: "Pai, aqueles que me deste, quero que, onde eu estou, também eles estejam comigo, para que vejam a minha glória, glória que me deste, porque me amaste antes da criação do mundo" (Jo 17,24).

Que glória é essa? O Apocalipse responde, revelando-nos algo da grandiosa liturgia celeste: "Ao receber o livro, os quatro Animais e os vinte e quatro Anciãos prostraram-se diante do Cordeiro, cada um com uma harpa e taças de ouro cheias de incenso, que são as orações dos santos, cantando um canto novo: 'Digno és tu de receber o livro e de abrir os seus selos, pois foste imolado e, por teu sangue, resgataste para Deus, um reino de sacerdotes, e eles reinarão sobre a terra'. E com o reforço dos Anjos prosseguem: 'Digno é o Cordeiro imolado de receber o poder, a riqueza, a sabedoria, a força, a honra, a glória e o louvor'" (Ap 5). Assim, no céu, os santos contemplam e cantam a glória do Cordeiro. Na terra, ao concluir uma ladainha, a Igreja se une à liturgia celeste, mas ainda na condição de pecadora: Cordeiro de Deus, que tirais os pecados do mundo, perdoai-nos, ouvi-nos, piedade, Senhor!

- 43 -
A DEVOÇÃO POPULAR NO "SEMPRE" DE CRISTO — III

O livro de Peñart apresenta um dos mais antigos testemunhos da piedade popular a São Lourenço, a chamada *Medalha de Sucesa*, que remonta ao século IV. Trata-se de um relevo de prata colocado junto às relíquias do Santo Mártir na Basílica de Constantino. Mais tarde foi reproduzida em chumbo. Nela, Lourenço aparece desnudado, deitado de frente na grelha, as pernas dominadas por um verdugo, em pé. À esquerda, vê-se o Imperador, sentado num trono. Ao lado, um personagem que poderia ser um conselheiro ou escrivão, figura pequena diante do Imperador. Sob a grelha o fogo está bem aceso. No fundo um tanto à direita, como que saindo do corpo do Mártir, um jovem orante (de braços abertos), recebendo a coroa da vitória de uma mão no alto, é a representação da alma do santo. Ladeando a coroa, a primeira e a última letra do alfabeto grego, Alfa e Ômega (assim o Apocalipse apresenta Jesus Glorioso como o Senhor da História). Um tanto acima da cabeça de Lourenço, o anagrama de Cristo, ou seja, as primeiras letras do nome de Cristo em grego XP (*XPISTOS*), como que a indicar que Lourenço morre confessando o nome do Senhor! Na parte superior, fazendo um arco entre a cabeça do Imperador e a do carrasco, interrompida pela coroa, a inscrição *Sucessa Vivas*: Sucessa, o nome de uma matrona romana, sepultada junto à sepultura de São Lourenço, por cuja intercessão espera a *Vida Eterna*, em Cristo Jesus.

O reverso da medalha é dominado pela reprodução do sepulcro de São Lourenço, todo protegido por forte grade de ferro, como o quis o próprio Constantino. À esquerda, um fiel com uma vela acesa, símbolo da fé cristã: Cristo *Luz* que ilumina o caminho. O conjunto vem encimado pela mesma inscrição: *Sucessa Vivas*. A *Medalha de Sucesa* seria, assim, o mais antigo testemunho da devoção popular recorrendo a São Lourenço como poderoso mediador em favor das almas no purgatório.

Realmente, estamos diante de um eloquente e antiquíssimo testemunho da mais autêntica piedade popular para os santos: somente *Cristo* dá sentido a tais práticas, e, sem Ele, tudo cai no nada ou na confusão das mil formas de superstições. Mas em Cristo, tudo se renova na sua eternidade, no seu *"Sempre"*, pois somente Ele é o Princípio e o Fim de todas as coisas.

Medalhas de Sucessa. Verso e reverso

- 44 -

ACONTECE EM AMASENO, HÁ SÉCULOS

Amaseno, pequeno povoado agrícola de seus 4.000 habitantes, encontra-se a uns 130 quilômetros de Roma, no Lazio. A História diz que, nos princípios do século XII, essa comarca recebeu o nome de *Vale de São Lourenço*. Sua igreja, de exterior simples, despojado, foi consagrada em 1165. Já naquele tempo a Igreja possuía uma relíquia de São Lourenço. Tratava-se de uma das chamadas *ampolas catacumbais*, muito comuns na região de Nápoles, contendo, de acordo com a antiquíssima tradição, *o sangue de São Lourenço*, ou, conforme descrição de DPP: U'a massa sanguínea, misturada com gordura, cinza ou polvilho e um pedacinho de pele, perfazendo globalmente 50 gramas. Durante o ano, essa mistura permanece em estado sólido. Todavia, quando chega o dia 9 de agosto, exatamente durante a oração litúrgica das Vésperas, ao abrir a Igreja para a celebração da Festa do Mártir São Lourenço, o sangue começa a assumir um colorido meio roxo (às vezes o processo é mais imediato) e, somente no dia 10 de agosto, apresenta a máxima mobilidade e transparência, tudo bem de acordo com a descrição dos antigos historiadores.

Durante sua longa história, ocorreram, sim, liquefações fora da Festa do Santo, anotadas. Das mais notáveis: em 1649, ocasião em que o Papa

Paulo V mandou colocar a relíquia num relicário mais digno.

Durante o ano de 1942, o padre Enrique Gianetta publicou vários artigos sobre o assunto no *l'Osservatore Romano* e em outros jornais. Em 1965, ele publicou um livro de 170 páginas com o título: *O Sangue miraculoso de São Lourenço Mártir*. Ele declara, entre outras, que a ampola não está hermeticamente fechada, e, no entanto, o material que lá se encontra não se altera, não se evapora, não se corrompe *durante séculos e séculos*! Pelo que ele pode observar, o fenômeno transcende às leis naturais da natureza e entra na esfera do sobrenatural.

Coisas semelhantes ocorrem com outra relíquia de São Lourenço que se encontra na Igreja de São Gregório dos Armênios, dos franciscanos de Nápoles. Aliás, a de Amaseno também é confiada aos franciscanos.

Como já foi dito, toda ação litúrgica é antes de tudo ação de Cristo Glorioso, mediante o ministério da sua Igreja. Assim, o que ocorre em Amaseno, durante a liturgia da Festa de São Lourenço, também está inserido no misterioso *"Sempre"* de Cristo!

- 45 -

HUESCA O CELEBRA COMO FILHO E PATRONO

O nosso escritor DPP enche páginas de santo orgulho e entusiasmo descrevendo em detalhes a vibração do Povo de Huesca durante as festas de São Lourenço, de 9 a 15 de agosto: "A devoção de Huesca a São Lourenço se manifesta não apenas nos templos, nas confrarias, nas relíquias, nos testemunhos iconográficos (imagens, esculturas...) e literários, como também, e principalmente, nas celebrações cristãs e nos atos de culto, tanto ordinários quanto extraordinários. Huesca honra a São Lourenço como Patrono e filho. A festa de 10 de agosto é de preceito. São Lourenço é considerado cidadão predileto, e a sua imagem leva, por concessão do Governo local, o Escudo da Cidade. Os lavradores oscenses o acolhem com fervor, como amigo e conterrâneo, nascido de uma família que cultivou aquelas mesmas terras..."

Por ocasião das festas lourencianas, são inúmeras as manifestações da devoção popular, verdadeira explosão: o andor do santo se apresenta todo ornado dos frutos daquela terra; cultivam para a ocasião a perfumosa "albahaca", para que toda a cidade seja assim aromatizada e cada devoto possa levá-la como lembrança; a "Jota de São Lourenço" é uma das mais qualificadas do folclore aragonês e, com seus cantares, brinda o seu grande herói da fé... Assim, a devoção ao Protetor é um dos mais fortes laços de união daquela gente oscense. Muitos visitam a Basílica do Santo diariamente, mas é nas sextas-feiras que os fiéis mais se manifestam, sobretudo mandando rezar Missas pelos parentes falecidos, rogando a mediação do Diácono-Mártir para abreviar-lhes as penas no purgatório.

Celebra-se soleníssimo Tríduo, preparando o povo para o dia 10. A maior emoção para todos é contemplar e escutar a homenagem dos "danzantes de Huesca", acompanhando a passagem do Busto-relicário pelas ruas da cidade. Centenas e centenas de oscenses, revestidos do traje "baturro", acompanham a imagem e a relíquia do Santo, juntamente com os membros da confraria, com as autoridades e o clero. O povo em massa faz coro aos cânticos dos "danzantes". A portentosa procissão se encerra com Missa Pontifical, que marca todos os anos a maior participação dos fiéis na vida religiosa de Huesca.

Outras celebrações populares e litúrgicas se sucedem. Outros tantos sinais da inserção do Mártir São Lourenço no misterioso *"Sempre"* de Cristo Jesus, o Senhor.

- 46 -

A FESTA MINEIRA DE SÃO LOURENÇO

Não se pode negar: a festa mineira de São Lourenço de fato atrai multidões, provindas das tantas e tantas cidades vizinhas, das fazendas, das pequenas propriedades rurais. Todavia, tudo indica que a maior parte dessa gente, e é muita gente mesmo, dá sua presença muito mais atraída pela quermesse, pelos parques de diversões, pelos leilões, pelos espetáculos de bons artistas, pelas comidas e bebidas, do que pela devoção ao Santo Mártir. Nos últimos decênios, então, a cidade fica literalmente invadida pelos camelôs! E a tradicional queima de fogos artificiais à meia-noite da Festa de São Lourenço prende realmente o pessoal.

A parte religiosa, como tal, conserva a tradição de celebrar o Santo Patrono de 1 a 10 de agosto. A abertura das festividades tem o condão de unir o presente à mais antiga e legítima tradição da cidade: em singela, mas eloquente procissão, à noite, à luz de velas e tochas, o povo fiel se dirige à primitiva capela do Santo, lá onde a cidade foi fundada, e, passando pelo bosque da colina e pelas alamedas do Parque das Águas, conduz em belo andor a antiga imagem de São Lourenço, à qual é dada a honra de presidir as festividades lá da atual Matriz, onde se desenvolve então a programação religiosa, que varia praticamente a cada ano. As escadarias da Matriz, que dão para uma ampla praça, frequentemente são aproveitadas para celebrações de todo tipo, inclusive teatrais. Pregadores atraem mais ou menos gente. Corais, Ladainhas, o Hino de São Lourenço. A participação das Comunidades dos Bairros vem dando a cada noite um cunho muito particular...

É claro que a maior expectativa converge para a grande procissão, em geral no dia 10 mesmo, com apoio e participação também do governo municipal. Não deixa de ser deveras emocionante a vibração do povo por onde passa a imagem, sempre em vistosíssimos andores, com suas cortes, seus anjinhos, muito canto, reflexão, orando sempre. A chegada apoteótica à magnífica Praça da Matriz, com sinos, foguetes, às vezes com a Eucaristia lá mesmo, às vezes com o grande sermão do encerramento, às vezes com bem preparadas encenações, revela o auge daquele calor humano-cristão que ainda constitui a grande riqueza do bom povo mineiro e particularmente dos filhos de São Lourenço de Minas Gerais, Brasil.

Mas o que une de fato a São Lourenço do Brasil à de Roma e Huesca é o *"Sempre"* de Cristo, sem dúvida!

- 47 -

SÃO LOURENÇO, MULTIPADROEIRO

Dada a rápida e como que miraculosa difusão do nome e dos exemplos de São Lourenço, logo depois de sua morte e sobretudo na Idade Média, a devoção popular foi atribuindo ao santo uma considerável série de patrocínios: inserido no *"Sempre"* de Cristo, o admirável Diácono continuava servindo o Povo de Deus em todo o Orbe Católico.

Nosso diligente pesquisador DPP não negligenciou esse aspecto importante da presença de São Lourenço na Igreja e no mundo em geral. Eis alguns dados, os mais interessantes, que sempre, direta ou indiretamente, inspiram-se nos exemplos de vida cristã deixados pelo ínclito Diácono e Mártir de Roma:

— sua coragem e jovialidade em dar a vida pela fé católica fizeram dele o padroeiro dos que lutavam pela mesma fé e a defendiam das tramas do paganismo. (O paganismo de hoje talvez esteja exigindo dos cristãos vigilância e denodo ainda maiores!);

— assado ao fogo, é invocado contra os danos e riscos do fogo, bem como nas doenças de algum modo relacionadas com o fogo: existe mesmo o *mal de São Lourenço*, que ataca a pele;

— é Patrono das várias profissões mais ligadas ao fogo: bombeiros, carvoeiros, cozinheiros, vidreiros...

— Protetor das almas do purgatório, como já se considerou mediante a *Medalha de Sucesa*; pouco depois, São Gregório de Tours († 594) já dizia que era tradição recorrer a São Lourenço em favor das almas do purgatório;

— amigo e Padroeiro dos pobres e daqueles que a eles se dedicam;

— como era arquivista e bibliotecário da Igreja de Roma, tornou-se também Padroeiro dos arquivistas e bibliotecários;

— certos escritores colocam o martírio do Menino Tarcísio, que seria acólito ou "coroinha", no tempo de São Lourenço, que assim é celebrado como Padroeiro de todos os que levam a Eucaristia aos necessitados;

— pelo mesmo motivo, desde 1967, foi oficialmente colocado como Padroeiro dos Diáconos Permanentes, a grande urgência da Igreja de hoje em muitos e muitos lugares;

— como acontece em Huesca, como vimos, em vários lugares do mundo cristão, na Festa de São Lourenço, ele é homenageado com frutos da terra, lembrando o mundo e o trabalho agrícola, em cujo meio teria nascido e vivido bons anos de sua existência.

Realmente, Lourenço continua sendo o incansável e generoso servidor da família católica, em Cristo Jesus.

- 48 -

LOURENÇO E FRANCISCO, DIÁCONOS DA MÃE IGREJA

Voltando ao precioso material sobre São Lourenço, que Frei João José trouxe ao autor destas linhas, escolhemos agora, para nossa consideração, aquele santinho em cores, impresso na Itália, que reproduz surpreendente obra de arte: no centro, ao fundo, mais elevada, domina belíssima figura da IMACULADA CONCEIÇÃO, pisando desproporcional meia-lua toda branca. Sob os pés da Mãe da Igreja, a fachada da Basílica de São Lourenço, que guarda o túmulo do Mártir. À direita de Maria, paramentado, o diácono São Lourenço, contemplando, enlevado, a Mãe de Jesus. À esquerda, o diácono São Francisco de Assis, humilde, olhos baixos, mãos postas. A IMACULADA, vestida de branco, manto azul-marinho aveludado, abre os braços num gesto de privilegiada proteção aos Santos Diáconos e à famosa Basílica Romana.

Resumindo uma interpretação deste quadro, podemos afirmar:

1. São Francisco costumava dizer que se lhe ocorresse encontrar um santo do céu e um sacerdote, saudaria primeiro o sacerdote. Ele mesmo exemplificava: "Espera, São Lourenço, porque as mãos desse homem seguram a Palavra da Vida e têm um *poder mais que humano*" (2C 201).

2. Que poder distingue o sacerdote do diácono? É que o padre, na Pessoa de Cristo, com Palavras dele, "gera" Cristo no altar.

3. Ora, "gerar" a Cristo nos leva a Maria Imaculada, Virgem e Mãe. Francisco, nos seus escritos, aproxima o Mistério da Encarnação ao Mistério da Eucaristia. Daí a presença de Maria no quadro.

4. Nos seus *Louvores a Maria*, Francisco celebra a *Virgem feita Igreja*. Por isso a Basílica Papal de São Lourenço aos pés de Maria, Mãe da Igreja, vem a ser eloquente expressão do modo eclesial de Francisco venerar a Mãe de Jesus.

O Poverello de Assis queria vivamente ser um frade (irmão) menor, servidor de todos. Por isso, deve ter relutado em aceitar o diaconato, pois tal ordenação o fazia participante do sacramento da Ordem, ligado aos "maiores", sacerdotes e bispos. Tendo cedido, com tanto mais fervor, olharia para o modelo São Lourenço, devoção ligada à sua juventude: ainda hoje a velha Assis mantém rua dedicada ao Mártir. E não corremos risco de errar afirmando que, nas tantas vezes que esteve em Roma, sempre que pôde, visitou devotamente o túmulo de São Lourenço na famosíssima Basílica.

DEVOCIONÁRIO LOURENCIANO

I - A ORAÇÃO LITÚRGICA

Rezada no universo católico no dia 10 de agosto. A Igreja, Esposa de Cristo, dirige-se ao Pai, por Jesus Cristo, na Unidade do Espírito Santo:

> Ó Deus,
> o vosso diácono Lourenço,
> inflamado de amor por vós,
> brilhou pela fidelidade no vosso serviço
> e pela glória do martírio;
> concedei-nos amar o que ele amou
> e praticar o que ensinou.
> Por nosso Senhor Jesus Cristo, vosso Filho,
> na Unidade do Espírito Santo. Amém!

(O "amém" significa a aprovação da assembleia e seu comprometimento com o teor da oração.)

II - ORAÇÕES DE HUESCA
Alguns dos textos colecionados por DPP:

A. Jaculatória

Diácono São Lourenço, mártir do Senhor, fazei que o mundo inteiro se inflame no fogo do amor cristão!

B. Visita a São Lourenço

Glorioso São Lourenço, que, submetido a doloríssimas provas, jamais perdestes a fé e a constância em confessar a Jesus Cristo; alcançai-nos uma fé tão viva e sólida, que jamais nos envergonhemos de ser verdadeiros seguidores de Cristo e cristãos autênticos em palavras e obras.

Pai-nosso, Ave-Maria e Glória.

São Lourenço, rogai por nós. Para que sejamos dignos das promessas de Cristo. *(Fazer seu pedido em silêncio.)*

Oremos: Deus onipotente, concedei-nos apagar os incêndios das nossas concupiscências. Por Cristo nosso Senhor. Amém.

C. **Outra oração**
Extraída da oração dos tormentos.

Gloriosíssimo São Lourenço, dignai-vos infundir em nosso coração aquela ardente caridade que devorou o vosso: caridade para com Deus, já que o amor divino, mais que o fogo, derreteu-vos sobre a grelha; caridade para com a Igreja, já que por vossa fidelidade ao papa é que fostes levado ao martírio; caridade para com o próximo, já que foi aos pobres que dedicastes os últimos desvelos. Por Cristo nosso Senhor. Amém.

D. **A Ladainha**

Senhor, tende piedade de nós.
Cristo, tende piedade de nós.
Senhor, tende piedade de nós.
Cristo, ouvi-nos.
Cristo, escutai-nos.
Deus, Pai celestial. — Tende piedade de nós.
Deus, Filho Redentor. — Tende piedade de nós.
Deus Espírito Santo. — Tende piedade de nós.
Santa Trindade, um só Deus. — Tende piedade de nós.
Rainha dos Mártires. — Rogai por nós.
São Lourenço, fiel defensor da Igreja. — Rogai por nós.
São Lourenço, decidido servidor do Papa. — Rogai por nós.
São Lourenço, caritativo provedor dos pobres. — Rogai por nós.

São Lourenço, amparo de anciãos e órfãos. — Rogai por nós.
São Lourenço, modelo de prudência. — Rogai por nós.
São Lourenço, obediente até a morte. — Rogai por nós.
São Lourenço, despojado de tudo. — Rogai por nós.
São Lourenço, inquebrantável na fé. — Rogai por nós.
São Lourenço, cheio de fortaleza no sofrimento. — Rogai por nós.
São Lourenço, alegria nas mais duras provas. — Rogai por nós.
São Lourenço, provado no fogo. — Rogai por nós.
São Lourenço, atormentado por amor a Jesus Cristo. — Rogai por nós.
São Lourenço, luz dos cegos. — Rogai por nós.
São Lourenço, esperança dos enfermos. — Rogai por nós.
São Lourenço, triunfante na glória. — Rogai por nós.
São Lourenço, modelo dos diáconos e servidores no altar. — Rogai por nós.

Cordeiro de Deus, que tirais o pecado do mundo.
Perdoai-nos, Senhor.
Cordeiro de Deus, que tirais o pecado do mundo.
Escutai-nos, Senhor.

Cordeiro de Deus, que tirais o pecado do mundo.
Tende misericórdia de nós.

V. Senhor, que o coroastes de glória.
R. E o constituístes sobre as obras de vossas mãos.

Oremos: Ó Deus onipotente, concedei-nos apagar os incêndios das nossas concupiscências, vós que fizestes o bem-aventurado Lourenço vencer as chamas dos tormentos. Por Jesus Cristo nosso Senhor. Amém.

E. **Pelas Almas**

Senhor, pela intercessão do glorioso Mártir São Lourenço, dignai-vos admitir as almas de nossos queridos defuntos, ao gozo da bem-aventurança eterna. Amém.

III - OUTRAS ORAÇÕES E DEVOÇÕES

A. **Hino da Paróquia São Lourenço – MG**

Letra e música: Joanita e Josette Mendonça

São Lourenço, São Lourenço,
Desta terra o Padroeiro,
São Lourenço, São Lourenço,

Junto a Deus o medianeiro,
São Lourenço, São Lourenço,
Lá do céu sempre a velar
Por seus filhos, suas águas
Num eterno abençoar.

1 - São Lourenço, fiel padroeiro,
Defensor da justiça e do amor;
Seguidor do ideal verdadeiro:
O Evangelho de Nosso Senhor.

2 - Foi Ministro da Eucaristia,
O Pão Santo ele distribuiu;
Seu carisma era a diaconia,
E com o pobres os bens repartiu...

3 - São Lourenço, bem-aventurado,
Ao Serviço de Deus se entregou,
E, de todos os bens despojado,
No martírio a glória alcançou.

4 - São Lourenço, na glória do altar
Ouve as preces de um povo feliz
Que trabalha com ardor franciscano
E engrandece este nosso País.

5 - No progresso da nossa estância
A Paróquia tem sua parcela,
Trabalhando com fé e humildade,
Procurando torná-la mais bela.

6 - É a nossa Paróquia querida,
Nesta terra de graça e primor,
Uma fonte donde emana vida,
De esperança, de paz e amor!

B. **Ladainha de São Lourenço – Minas**

Senhor, tende piedade de nós.
Cristo, tende piedade de nós.
Senhor, tende piedade de nós.
Pai dos Céus, que sois Deus, tende piedade de nós.
Filho, Redentor do mundo, tende piedade de nós.
Espírito Santo, Deus, tende piedade de nós.
Santíssima Trindade, que sois Deus, tende piedade de nós.
Santa Maria, rogai por nós.
São Lourenço, rogai por nós.
Grande Santo da Igreja Católica, rogai por nós.
São Lourenço, ilustre em caridade, rogai por nós.
São Lourenço, constante na fé, rogai por nós.
São Lourenço, inabalável na esperança, rogai por nós.
Modelo de Diácono, rogai por nós.
Digno Ministro da Eucaristia, rogai por nós.
Protetor dos pobres, rogai por nós.
Amparo dos órfãos e das viúvas, rogai por nós.
Conforto dos inválidos, rogai por nós.
São Lourenço, zeloso pela fé católica, rogai por nós.
São Lourenço obediente, rogai por nós.
São Lourenço justo, rogai por nós.
São Lourenço, exemplo de coragem, rogai por nós.
São Lourenço, constante na provação, rogai por nós.
Paciente no martírio, rogai por nós.

Exemplo de humildade, rogai por nós.
Honra da Igreja Católica, rogai por nós.
Cordeiro de Deus, que tirais o pecado do mundo, ouvi-nos, Senhor.
Cordeiro de Deus, que tirais o pecado do mundo, tende piedade de nós.

V. Rogai por nós, São Lourenço.
R. Para que sejamos dignos das promessas de Cristo.

Oração: Ó Deus, que, com inefável providência, vos dignastes escolher São Lourenço para o serviço da vossa Igreja e o enaltecestes com a glória do martírio, concedei-nos, vo-lo pedimos, mereçamos ter no céu como intercessor a quem veneramos na terra como protetor.
Vós que viveis e reinais pelos séculos dos séculos. Amém.

ÍNDICE

Introdução 5
1. São Lourenço no novo missal romano 7
2. Basílica Imperial e Basílica Cristã 9
3. Basílica de São Lourenço "In Lucina" 11
4. Um pároco na pista da glória de Lucina 14
5. Do asfalto de hoje ao chão de Pedro
   e Paulo 16
6. O lugar de São Lourenço nas descobertas
   "in Lucina" 18
7. A terra natal de Lourenço 20
8. Huesca, geográfica e histórica 22
9. Huesca cristã 24
10. Os santos e as lendas 27
11. A tradição lourenciana oscense
    (lendas e história) 29
12. A tradição lourenciana oscense — II 31
13. A tradição lourenciana oscense — III 33
14. O diaconato de São Lourenço 35
15. A caminho de Roma 37
16. Caminhos para Roma 39
17. No caminho para Roma 41
18. O Papa Estêvão I — Santo 43
19. Sobre a ordenação de Lourenço 45
20. A perseguição de Valeriano 47
21. Diácono — ministro do batismo 49
22. Diácono — mediador dos penitentes 51
23. Celebrando a Eucaristia com o papa 53
24. Celebrando a unidade da Igreja 55
25. Diácono — administrador 57

26. Lourenço diácono e os cemitérios — I 59
27. Lourenço diácono e os cemitérios — II 61
28. Lourenço diácono e os cemitérios — III 63
29. O martírio de Sisto II 65
30. A ação de Lourenço prisioneiro 67
31. O glorioso "Natal" de São Lourenço 69
32. Sepultamento de Lourenço 71
33. Hoje... 73
34. O hoje de São Lourenço na Itália 75
35. O hoje de São Lourenço na Espanha 78
36. O hoje de São Lourenço
em outros países 80
37. O hoje de São Lourenço no Brasil 82
38. Os santos no "sempre"
de Cristo, Senhor 84
39. O "sempre" de Cristo a partir
das basílicas 86
40. São Lourenço no "sempre" de Cristo 88
41. A devoção popular no "sempre"
de Cristo — I 90
42. A devoção popular no "sempre"
de Cristo — II 92
43. A devoção popular no "sempre"
de Cristo — III 94
44. Acontece em Amaseno, há séculos 97
45. Huesca o celebra como filho e patrono 99
46. A festa mineira de São Lourenço 101
47. São Lourenço, multipadroeiro 103
48. Lourenço e Francisco,
diáconos da Mãe Igreja 105
Devocionário Lourenciano 107

Este livro foi composto com as famílias tipográficas Minion Pro e
Arial Black e impresso em papel Offset 63g/m² pela **Gráfica Santuário.**